AF134946

تخلّص من التوتر خلال ساعتين

(وابق مسترخيًا)

ديانا بارتيليمي – كلوارت

ترجمة: منى الحكيم

دار جامعة حمد بن خليفة للنشر
HAMAD BIN KHALIFA UNIVERSITY PRESS

دار جامعة حمد بن خليفة للنشر
صندوق بريد 5825
الدوحة، دولة قطر

www.hbkupress.com

Originally published in France as:
2h Chrono pour arreter de stresser (et rester zen)
by Diana BARTHELEMY-CLOUWAERT

©Dunod, 2018, Malakoff

Illustrations by YvesTremblay

جميع الحقوق محفوظة.

لا يجوز استخدام أو إعادة طباعة أي جزء من هذا الكتاب بأي طريقة دون الحصول على الموافقة الخطية من الناشر باستثناء حالة الاقتباسات المختصرة التي تتجسد في الدراسات النقدية أو المراجعات.

الطبعة العربية الأولى عام 2021
دار جامعة حمد بن خليفة للنشر

الترقيم الدولي: 9789927141966

تمت الطباعة في بيروت-لبنان.

مكتبة قطر الوطنية بيانات الفهرسة – أثناء – النشر (فان)

بارتيليمي-كلوارت، ديانا، مؤلف.

[2h chrono pour arrêter de stresser (et rester zen)]. Arabic

تخلص من التوتر خلال ساعتين وابق مسترخيا / ديانا بارتيليمي-كلوارت ؛ ترجمة منى الحكيم. - الطبعة العربية الأولى. - الدوحة، دولة قطر : دار جامعة حمد بن خليفة للنشر، 2021.

صفحة ؛ سم

تدمك 978-992-714-196-6

ترجمة لكتاب: 2h chrono pour arrêter de stresser (et rester zen).

1. الضغوط (علم نفس). 2. إدارة الضغوط. أ. الحكيم، منى، مترجم. ب. العنوان.

BF575.S75 B37125 2021

155.9042– dc23

202128033231

المقدمة

هل يمكننا التخلص من التوتر وتحقيق الاسترخاء والتوازن الداخلي خلال ساعتين؟ يدعوكم هذا الكتاب إلى دخول عالم من الاكتشافات، والتبحر في أدوات صغيرة وتقنيات ونصائح مفيدة...

اسمحوا لي أن أعرض لكم نبذة عن حياتي: انخرطت، منذ بضع سنوات، في دورة تدريبية عن الـ«سوفرولوجيا»؛ إذ كنت أعيش في حالة توتر يومي. قررت التسجيل في دورة تدريبية احترافية كي اكتسب القدر الأقصى من التقنيات التي تسمح لي بالتحكم بالتوتر والإجهاد. ومع إحرازي تقدمًا في تعلم كيفية استخدام أدوات جديدة تمامًا بالنسبة لي، أدركت بأني صرت أنعم بليال أكثر راحة، وبت أكثر قدرة على إدارة أوقاتي العصيبة. دخلت مجالًا كنت أجهله تمام الجهل ومكثت فيه، لاقتناعي بفاعلية هذه الممارسات.

هذا الكتاب هو خلاصة تجربتي الحياتية، والاكتشافات التي اختبرتها وساعدتني، وجعلتني أشعر بأنني بخير وبحلَّة أفضل على الصعيدين الشخصي والمهني. منذ ذلك الوقت، أصبح لزامًا عليَّ أن أنقل لمحيطي، عبر دورات تدريبية، وعبر هذا الكتاب الآن، كل ما يتيح لي العيش بانسجام وتناغم جسدي ونفسي.

استرجعوا توازنكم

أقترح عليكم تصفح كل فصل من فصول هذا الكتاب، وفقًا لترتيبها الحالي وعشوائيًا أيضًا. فكل منها يشكل عالمًا بحد ذاته، ويمكن أن يكوِّن موضوع كتاب بحد ذاته.

ستكتشفون أن الإحساس بالاسترخاء والهدوء الداخلي لا يحتاج بالضرورة لساعات من التأمل يوميًا، وإن التوتر هو آلية طبيعية؛ وإنكم تملكون داخلكم موارد كثيرة يمكن إيقادها لتحسين راحتكم الشخصية، وإن أجسادكم هي أفضل مؤهلاتكم. ستعرفون أيضًا أن العناية بأجسادكم ضرورية لأنها قيِّمة، وكذلك من الضروري الاستماع لها.

رحلة ممتعة

على مرِّ الصفحات، أتمنى لكم أن تحققوا المزيد من التوازن مع ذواتكم، وأقربائكم، وكل ما هو في محيطكم. وأتمنى أيضًا أن تصبحوا أعزّ الأصدقاء في هذه الرحلة نحو عالم الصفاء.

أتمنى لكم قراءة ممتعة، وأن تعودوا إلى ذواتكم بعد اكتشافها...

شكر وتقدير

أشعر بالامتنان لكل الأشخاص الذين ساهموا، من قريب أو بعيد، في إنجاز مشروع هذا الكتاب وجعله عملًا ملموسًا. شكرًا لكم جميعًا!

وأستهل تقديم الشكر لفريق العمل في دار «دونو» للنشر، وأخص بالشكر: جولي على ثقتها، وريبيكا على نصائحها الوجيهة، وإيف على مواهبه الفنية، وأخيرًا كلوي على دعمها لي طوال الوقت وحتى نهاية المشروع.

لا أنسى كل الأشخاص الملهمين الذين نقلوا إليَّ شغفهم، وشاركوني معلوماتهم بكل حماس وكرم، وبثوا فيَّ الرغبة في مشاركة معارفي مع الآخرين: سيلفي رونولي، جوديليف دالفو، دينيز دابري، إيريك ميدايتس، هنري بون ...

أشكر أيضًا صديقاتي على إرشاداتهن ونصائحهن، لا سيما سيلفي على ثقتها، باسكال ولورانس على ملاحظاتهما الثاقبة، وماري على دعمها المحدد واللطيف.

وبالغ الشكر لعائلتي المقربة، التي وقفت إلى جابني طوال هذا المشروع، لا سيما أنطوان على مدى 40 عامًا من الدعم غير المشروط لكل مشاريعي.

ولكل طلابي، السابقين أو الحاليين أو المستقبليين وكل الأشخاص الذين سنحت لي الفرصة بمقابلتهم بسبب هذا الكتاب.

وأخيرًا، أشكر قراء هذا الكتاب، وكلي أمل بأن تجدوا فيه ما يخفف عنكم توتركم، ويرفع مستويات الاسترخاء لديكم...

المحتويات

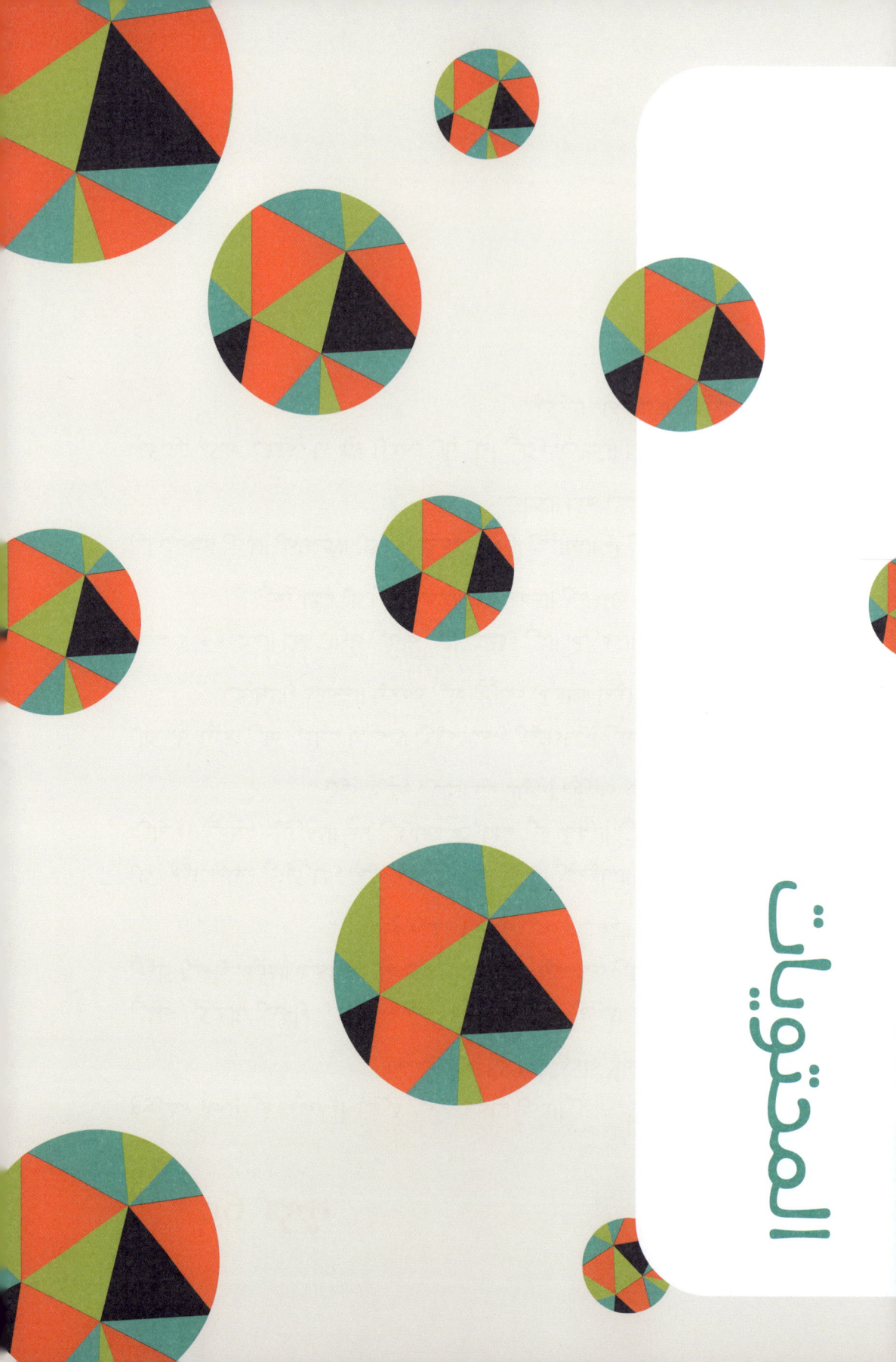

المقدمة	....	III
شكر وتقدير	....	V
1 اِسترخِ وتأمل، وكرّر التجربة...	....	1
2 هل التوتر حليف لا غنى عنه؟	....	7
3 هرموناتك كيمياء شديدة التعقيد	....	14
4 التنفس مفتاح راحتك وسكينتك!	....	19
5 تناغم ضربات القلب، هل التأثير على نبض القلب ممكن أم مستحيل؟	...	25
6 استفد من لحظات الفراغ	....	30
7 أبرز كل ما هو إيجابي	....	35
8 جسدك كنز...	....	41
9 الحركة المتناغمة	....	46
10 عش حاضرك بالكامل...	....	52
11 معتقدات تقوّض حياتنا	....	57
12 مفتاحك للاسترخاء السريع	....	63
13 تحرَّر من الافتراضات والظنون!	....	68
14 تواصلوا بدون عنف	....	75
15 اخرج من أجواء الدراما	....	83
16 البيئة عامل محدِّد	....	91
17 استعِدْ دوائر طاقتك...	....	96
18 اضحك وابتسم، حتى في العمل!	....	101
19 تناغم وإيقاعات	....	107
20 حسن اختيار الغذاء	....	114
21 التكنولوجيا؟ قليلًا، كثيرًا، أبدًا؟	....	122
22 أطلق العنان لخيالك	....	129
23 اندهش واستمتع	....	136
24 الثقة بالنفس كليًا	....	141
المراجع	....	147

اِسترخِ وتأمل،

وكرّر التجربة...

الاسترخاء، ما المقصود بذلك حقًّا؟ ما السبيل للوصول إليه؟ نتخيل جميعنا صورة ناسك في لباس ملون، باسم الثغر، لطيف النظرات؛ لكن كيف يمكننا تطبيق ذلك في حياتنا اليومية؟

مثال

«كُف عن التوتر، ستصطدم بالجدار مباشرة...!» اتخذتَ القرار! ستحاول اختبار تمارين التأمل. تدفع باب القاعة، وترى أوائل المشاركين جالسين دائريًا. تسأل نفسك: «ما هذه الورطة التي وقعت فيها؟» أغمض عينيك، كن واعيًا لثقل يديك، وتيقن بأنك تتنفس ... لا تسعى للبحث عن أي شيء، وما عليك سوى خوض التجربة.... بدأ الشك يتسرّب إليك: «ما الذي أفعله هنا؟»... يواصل المدرب كلامه: «من الممكن أن تجرك أفكارك بعيدًا، وفي هذه الحالة، يعيدك الإحساس بيديك وبتنفسك إلى التجربة...». تشعر بيديك على فخذيك، وبمؤخرتك على الكرسي... تتفاجأ بقدرتك على إرخائها...

مدرِّبة في شركة "رياضي"

كان الفلاسفة الإغريق يدرِّسون فن العيش. وكان اكتساب المهارات الشخصية يهدف إلى خلق التوازن بين الجسم والعقل، وكانت دراسة هذا الفن من الأولويات. اليوم، أصبح علم الـ«سوفرولوجيا»، والوعي التام، وغيرها من تقنيات اكتساب المهارات الشخصية تستهدف العمل، والنتائج المستقاة من كل ما سبق أكثر من مشجعة.

«اكتشفت أن التأمل في متناول يدي: فلا حاجة لي لمعبد أو لأية معدات خاصة؛ يكفيني كرسي وزاوية هادئة. لا يتوجب عليَّ سوى التوقف، وتخصيص وقت قصير خلال يومي. بدأت، بكل هدوء، أقدِّر أوقات الاستراحة، وصرت أتشوق لها، حتى عندما يكون يومي مزدحمًا. إنها تساعدني على تحمل الضغوط».

«العقل السليم في الجسم السليم»

هذه التقنيات لها تأثير مفيد على الصحة والرفاه: تتيح أمامك فرص مواجهة الضغط العصبي والإجهاد. كيف ذلك؟ من خلال تعليمك كيفية عدم الانجرار خلف أفكارك تحديدًا!

عِش حضور ذاتِك

إن العقل آلة تفكير عظيمة بقدر ما هي مرهِقة؛ إذ يجعلك عقلك تخسر وقتًا كبيرًا تقضيه في تذكر ماضٍ لم يعد موجودًا، وبمستقبل غير موجود بعد! لكن التواجد في الوقت الحاضر يعيد كل الأفعال إلى موقعها الدقيق: فهل يمكنك تغيير ماضيك؟ وبصراحة، هل يمكنك الادعاء بمعرفة المستقبل؟

إن اليقين الوحيد المتوفر بين يديك هو أنك من العابرين على هذه الأرض. نعم، نحن نجهل تمام الجهل المدة التي سنعيشها! انطلاقًا من ذلك ألم يحن الوقت لعيش كل لحظة من حياتنا إلى أقصى الحدود؟

لطالما كانت تقنيات «تطوير الذات» موجودة، وتُظهر للمرء الدرب نحو التوازن. لكن للأسف، على مرّ القرون، تحوَّلت فلسفة القدماء إلى مجرد قواعد يتحتم اتباعها.

أسلوب حياة

ما أراد الفلاسفة تعليمه للناس كان عبارة عن طريقة عيش من خلال القراءة، والاستماع، والغناء، والتأمل، وفن الخطابة، والتنبه. كان من الممكن أن يرتبط التأمل بالآلام والموت أيضًا، مثل ارتباطه باستحضار أحداث اليوم لتحديد الأوقات الإيجابية.

خصِّص بعض اللحظات لمراقبة زهرة، أو مشهد طبيعي، أو غرض ما، فهذا شكل من أشكال التأمل والتأثير الإيجابي على جهازك العصبي. انظر جيدًا إلى يديك، وتأمل تعرجاتها، والتغير في نسيجها، واختلاف ألوانه. استكشف هذا الجزء كما لو أنك تقوم بذلك للمرة الأولى. سيفاجئك مقدار السكون الذي ستنعم به.

إن القول اليوناني المأثور «اِعرف نفسك»، كان قبل كل شيء دعوة للاهتمام بالنفس ورعاية الذات. واكتشف الدكتور «جون كابات زين»، مؤسس عيادة تخفيف الضغط النفسي المعروفة في الولايات المتحدة، تقنيات تأمل استنادًا

اِعتَنِ بنفسك

إلى تواصله مع معلم كوري، وأراد أن يشارك مرضاه الفوائد التي اختبرها بنفسه، من خلال تخصيص وقت للاسترخاء وإعادة التركيز.

كان يأمل أن يستعيد مرضاه استقلالهم الذاتي من خلال عمل شخصي داخلي. واتبع طريقته، والتي طوَّرها على مدى ثلاثين عامًا، العديد من المناصرين. تتشكل طريقته هذه بممارسة «الوعي التام» التي تهدف إلى استرجاع القدرة على الاهتمام بالنفس وتقدير الذات. وتتواجد هذه الممارسات في مجتمعنا: في المدارس وفي محيطنا المهني. واليوم، تجيز العلوم العصبية اعتبار أن هذه التقنيات لها تأثير مفيد على العقل.

ماذا عنك؟

هل تواصل تذكر الماضي دون توقف؟ أو تشغل بالك بالمستقبل؟
متى خصصت وقتًا للجلوس دون القيام بأي عمل، ودون أي هدف يرجى تحقيقه؟
هل تعي تمامًا بأنك موجود في هذه الحياة بكل بساطة؟

1

◀ تمرين متوسط الصعوبة   🕐 ١٥ دقائق

اِسترح وتذوَّق!

خذ حبة فاكهة مجففة من اختيارك (عنب، تين، توت بري...) وضعها في راحة كفك.

- اشعر بوزنها وبنيتها وحجمها وشكلها ودرجة حرارتها.

- انظر إلى هذه الفاكهة بانتباه كأنك تراها للمرة الأولى، متخليًا عن أحكامك أو تصوراتك المسبقة. ركز بصرك لاستكشاف كل جزء من أجزائها: شكلها، تركيبتها، تجاويفها ونتوءاتها، تدرج ألوانها، أجزاؤها الزاهية والقاتمة.

- أغمض عينيك واستكشفها بيديك. انقلها من يد إلى أخرى وتحسس مواصفاتها جيدًا.

- قرِّبها من أنفك واستنشق رائحتها، كما لو أنك تشم رائحة زهرة. استكشف رائحتها ورحِّب بكل الأحاسيس التي توقظها الرائحة فيك، وفي فمك، وربما في معدتك.

- قرِّبها من فمك، ودعها تلامس شفتيك لتستكشفها أكثر.

- ضعها في فمك، وقبل مضغها اختبر ما تثيره فيك من أحاسيس بين شفتيك، ولسانك، وتجويف فمك.

- اقضم حبة الفاكهة تلك وامضغها ببطء. راقب تكوينها وكيف ينطلق الطعم منها. لاحظ اختلاف المذاق طوال فترة التذوق، وكن مدركًا لأحاسيسك عند البلع، وعند مرورها بالحلق والجهاز الهضمي والمعدة.

- دوِّن ما اختبرته من مشاعر واعية خلال هذا التمرين.

تمارين

تمرين صعب ⏱ 15 دقيقة

كلمات ملهمة!

تجد في هذه الشبكة من الكلمات مصطلحات هامة وردت في هذا الفصل، وعليك البحث عنها!

استرخاء - تأمل - توازن - وعي تام - سوفرو - حضور - صحة - عيش - ذات - توقف - تدريب - مراقبة - تركيز - انتباه - قدرة على التكيّف - جماعة - نقل - تجربة.

ر	ر	د	ق	ف	ص	ح	ة	ز	د	ج	ن	ط	ت
و	ض	غ	ع	غ	ح	ر	ة	ش	ي	ع	ق	ث	د
ض	ق	ذ	ب	ا	ن	ت	ب	ا	ه	ج	غ	م	ر
ح	س	ي	١	ب	ب	ي	ر	د	ت	ص	ط	ر	ي
و	ي	و	ن	ت	ت	ر	ن	ع	د	ع	ص	ا	ب
ة	ك	ر	ا	ت	أ	ع	د	ل	ز	ح	ز	ق	م
ل	ة	ف	ت	ج	م	ة	ع	ا	م	ج	ي	ب	ز
ق	ر	و	ث	ر	ل	ت	ر	ك	ي	ز	ك	ة	ف
ن	ز	س	ذ	ب	و	ع	ي	ت	ا	م	ر	ج	ق
غ	ت	ر	ز	ة	م	م	ز	ز	غ	خ	ت	ث	و
ق	د	ر	ة	ع	ل	ى	ا	ل	ت	ك	ي	ف	ت
د	س	ن	ز	ا	و	ت	ء	ا	خ	ر	ت	س	ا

تمارين

أجد

ر					ص	ح	ة						ت
و								ش	ي	ع			د
ض		ذ		ا	ن	ت	ب	ا	ه			م	ر
ح			ا		ب	ي	ر	د	ت			ر	ي
		و		ت	ت							ا	ب
		ر		ت	أ						ز	ق	
ل		ف		ج	م	ة	ع	ا	م	ج	ي	ب	
ق		و		ر	ل	ت	ر	ك	ي	ز	ك	ة	ف
ن		س		ب	و	ع	ي	ت	ا	م	ر		ق
				ة							ت		و
ق	د	ر	ة	ع	ل	ى	ا	ل	ت	ك	ي	ف	ت
		ن	ز	ا	و	ت	ء	ا	خ	ر	ت	س	ا

2

هل التوتر حليف لا غنى عنه؟

«التوتر أو الإجهاد هو استجابة غير محددة يبديها الجسم حيال أي طلب للتغيير، واستنادًا إلى هذا التعريف لا يمكن تجنبه. أما التحرر المطلق من الإجهاد، فلا يتحقق إلا بالموت».

هانز سيليي، 1956

مثال

تخرجين من المكتب بسرعة، وبالكاد يكفيك الوقت كي تصلي إلى منزل المربية في الموعد المناسب. لا يمكنك الوصول متأخرة مرة أخرى. تقودين السيارة، وتستحضرين ما ينتظرك من مهام بعد يوم كامل في العمل: المرور لاصطحاب طفلك وإعادته إلى المنزل، ابتياع المأكولات الصحية، إعداد وجبة الطعام، تنظيم أيام نهاية الأسبوع... فجأة، يضغط سائق السيارة أمامك فرامله بقوة، وبالكاد تتفادين التصادم بينكما. أف! الحمد لله على السلامة! ترتجف يداك، ويتسارع خفقان قلبك. لكن لا يمكنك تضييع الوقت، فطفلك بانتظارك. هل لديك أدنى فكرة عما يحصل داخل جسمك، كي تتمكني من التعامل مع كل ما تتعرضين له من مواقف مجهدة يوميًا؟

يُعرف الباحث الكندي «هانز سيلي» بـ «أب» البحث الطبي والحيوي للإجهاد. هو أول من استخدم هذه الكلمة باللغة الإنجليزية رابطًا إياها بالإنسان. وفي عام 1860، أثبت الطبيب الفرنسي «كلود بيرنارد» أن الإنسان يملك القدرة على الحفاظ على توازنه الداخلي وفقًا لبيئته. وهذا ما يُعرف باسم «المتلازمة العامة للتكيف» التي وضعها «هانز سيلي».

كلمة «Stringere» اللاتينية تعني «التضييق»، وتشير كلمة «Estrece» إلى «الضيق» أيضًا. أما كلمة «Stress» الإنجليزية التي تعود للقرن الثاني عشر فهي: «الإجهاد الخطوطي الذي تتحمله المعادن».

الإنسان هو نتيجة عمليات تكيف لا تتوقف، فلا يمكن للحياة أن تستمر إلا إذا واصل الإنسان تكيفه معها.

التوتر رد فعل طبيعي للتكيف

يتعين على جسدنا أن يحافظ باستمرار على وضع داخلي مستقر، وبذل الجهد للتكيف تحت ضغط عوامل محفزة، هي «مسبِّبات التوتر». ويكون التوتر عبارة عن إجراء استجابي تفاعلي بين الفرد وبيئته. ويكمن الرهان في الحفاظ على التوازن بين التفاعلات الجسدية والفيزيولوجية.

التوتر يغذي الحياة

قد تتعرض قدرتنا على التكيف للخطر؛ إذ أن شدة الإجهاد قد تسبب الإرهاق الذي يعرف بـ«الاحتراق»، ما يعني حرفيًا بأنه الإرهاق العميق المرتبط بانعزال تدريجي، وفقدان معنى الأمور وجدواها. أما قلّة التوتر فقد تولد «الإحباط» أو التعب بسبب الملل.

نصيحة

الجسم شبيه بسلك مطاطي يتمدّد بانتظام من جراء الإجهاد. لكن حين يستمر تمديد السلك إلى أقصى حدوده بتكرار، يصبح خطر قطعه ممكنًا. نصيحتي أن تحرص على تخصيص الوقت لاسترجاع قوتك، كي يتمكن «السلك المطاط» من التخلص من الضغط المسلّط عليه.

إن الفرملة المفاجئة لتفادي حادث الارتطام أو التلهف لتحقيق هدف، يجعلك في حالة من الإجهاد. وحين تكون على علاقة بشخص قريب وتشعر بالسعادة للقائه، يتولد لديك تفاعلًا إيجابيًا

عالمة نفس ومدرِّبة

"جابن"

«أشعر، مع انتهاء يوم العمل، بأنني في أقصى حالات الإجهاد. لكني بمجرد أن أرى وجه ابني المشرق وأسمعه يناديني «ماما»، يغمرني شعور بالسعادة الفائقة. إن ابتسامته كفيلة بأن تمحو كل هموم يومي. وأشعر بأنها توفر لي الراحة بعد يوم مجهد في العمل».

يسمَّى «الإجهاد الإيجابي». إنها سلسلة من التفاعلات الجسدية والعضوية المتواصلة في جسمك.

① مرحلة الإنذار

التوتر يتكشف عبر ثلاث مراحل

يواجه الجسد حالة التوتر، فيجيِّش كل قواه الدفاعية.

يسمح الجزء من العقل البدائي المعروف باسم «العقل الزاحف» بالتفاعل غريزيًا مع الحالة، عبر سلسلة كاملة من التفاعلات الفيزيولوجية الداخلية.

② مرحلة المقاومة

يتكيف الجسم مع مسبب التوتر بفضل تفاعلات هرمونية جديدة، من شأنها أن تمكنه من إدارة الحالة طوال فترة استمرارها. وإن كان تأثير هذه المرحلة سيئًا على المستوى الداخلي، فإنك تنتقل إلى المرحلة التالية.

③ مرحلة الإرهاق

لم يعد الجسم قادرًا على الاستجابة للمحفزات ويتعذب. يمكنك مساعدة جسمك على إيجاد توازنه الداخلي.

لا تترك حياتك تسير وفقا لقيادة آلية. تعلم كيف تحدِّد ما الذي يوفر لك الراحة (الضغط النفسي الإيجابي) وما يؤذيك (الضغط النفسي الإجهادي)، واحرص على الموازنة بين نوعي الضغوط.

يتيح التوتر أو الإجهاد لجسمك القدرة على التكيف، ويعطيك تنبيهات ينبغي عليك أخذها بجدية. كن واع لهذه الآلية الداخلية؛ خصص لنفسك أوقاتًا لاستعادة قواك. اعرف نفسك، ولا تضع نفسك في مواقف تسبب لك الإجهاد والضغط النفسي بلا

كيف تجعل الإجهاد حليفًا لك؟

جدوى. حاول تدريب نفسك على مقاومة الضغوط بالخروج بين الحين والآخر من منطقة راحتك، وتغيير عادة من عاداتك. ضع نفسك في مواجهة تحديات صغيرة في الأوقات التي تشعر فيها بالراحة. حفِّز توازنك الداخلي بتمرينات جسدية وفكرية يمكنك استكشافها عبر صفحات هذا الكتاب!

ماذا عنك؟

هل تعطي لنفسك الوقت الكافي لتحديد ما يجعلك تشعر بالراحة؟

هل تأخذ الوقت الكافي للاستمتاع بشعور إنجاز الواجب، بعد إتمام عمل أو إنهاء حدث؟

متى كانت آخر إجازة أخذتها وسط يومياتك المشحونة بالمهام؟

مقولات يطول شرحها...

1860

"الإنسان قادر على الحفاظ على توازنه الداخلي"

الطبيب والفيزيولوجي الفرنسي "كلود بيرنارد"

1907

"ممارسة وظيفة عالية المسؤولية تزيد مخاطر أمراض القلب"

الطبيب الكندي "وليم أوسلر"

1915

"الفرار أو المواجهة"

الطبيب الفيزيولوجي الأمريكي "والتر كانون"

1956

"الإجهاد هو الاستجابة غير المحددة للجسم عند مواجهة أي تغيير بهدف التكيف. والتحرر المطلق من التوتر لا يتحقق إلا بالموت"

مبتكر نظرية الإجهاد "هانز سيلي"

1980

"المهم هو ما يحيط بالإنسان المريض، والسبل التي تمكنه من السعادة في بيئته الاجتماعية. إن لم يستطع العمل على ذلك، وكانت أفعاله مكبلة، ستكون العواقب مَرضية"

الجراح الفرنسي «هنري لابوريت»

1984

"التوتر بمثابة اتفاق بين الإنسان وبيئته التي يجري فيها تقييم الوضع، فتقدم وفرة من موارد للفرد، وبإمكانها تعريض راحته للخطر أيضًا"

"ظاهرة لازاروس" والبروفيسور الألماني "ألفريد فولكمان"

تمارين

1

تمرين متوسط الصعوبة · 15 دقيقة

حافظ على مرونتك

استحضر الأسبوع المنصرم المليء بالنشاط: حدِّد المشاعر التي تولدت في نفسك: مشاعر الرضى (التوتر الإيجابي)، ومشاعر الانفعال أو الحزن أو الخوف وعدم الراحة (التوتر السلبي).

حالات التوتر الإيجابي	حالات التوتر السلبي

ماذا استخلصت من إجاباتك؟

....

....

....

2

تمرين متوسط الصعوبة · 10 دقائق

ما يجعلني أشعر بالارتياح!

ضع خطة نشاطات للأسبوع المقبل. ما هي النشاطات المفيدة لك؟

الاثنين	الثلاثاء	الأربعاء	الخميس	الجمعة	السبت	الأحد

تمارين

3

تمرين سهل · 5 دقائق

صح أم خطأ؟ حدِّد الإجهاد!

	صح	خطأ
1. الإجهاد عدو ينبغي القضاء عليه.	☐	☐
2. الإجهاد حليف ضروري للحياة.	☐	☐
3. القليل من الإجهاد لا يؤثر على الإنسان بتاتًا.	☐	☐
4. أستطيع تحمل أيام حافلة بالتوتر شرط أن أخصص أوقاتًا للراحة والتعافي.	☐	☐
5. الإجهاد بجزئه الأكبر فيزيولوجيًا.	☐	☐

الإجابات:

1. خطأ 2. صح 3. خطأ 4. صح 5. صح

4

تمرين صعب · 20 دقيقة

قيّم مستوى التوتر الذي تعاني منه

تجد في القائمة العديد من الطرق لاختبار مستوى التوتر لديك؛ وتعطيك فكرة دقيقة عن الاستراتيجيات الضرورية والملحة التي تساعدك على إدارة هذا التوتر.

وفي ما يلي قائمة غير حصرية بأعراض الإجهاد أو التوتر. إن كنت تعاني من عدد من هذه الأعراض، استشر طبيبك للحصول على تشخيص أكثر دقة.

قلق وآلام في العضل	
تعب مفرط	
اضطرابات في النوم	
انفعالات قوية: حزن، قلق، عصبية، حساسية مفرطة، تقلبات المزاج	
انسحاب، فقدان النشاط، ضعف الحماس	
ضعف الرغبة الجنسية	

هرموناتك

كيمياء شديدة التعقيد

• • • • • • •

تندفع الهرمونات داخل جسدك دون انقطاع للحفاظ على استتبابه، أي قدرته على الحفاظ على التوازن، مع تعرضه المتواصل لمخاطر التهديدات الخارجية.

مثال

وصلت إلى قاعة الاجتماعات، وأنت تعرف تمامًا بأن هذا الاجتماع سيكون صاخبًا. تتباين الآراء المتعلقة بموضوع النقاش. يحضر بعض العاملين من الفرق الميدانية، في حين يتحكم مشاركون آخرون بالأرقام، أما الباقون فهم من قسم الموارد البشرية أو من الإدارة العامة. الموضوع الحساس طُرح للنقاش، فتعارضت الأفكار وارتفعت الأصوات. ترى احمرار وجه أحد زملائك. تشعر بتوتر زميلك الجالس بقربك؛ وتلاحظ بأنه يضغط قبضته. تلحظ تشنج إحدى زميلاتك. تتسارع نبضات قلبك، وتتعرق يداك. إنها عمليات كيميائية معقدة تتفاعل داخل كل شخص منكم.

14

محاسبة "ريبيكا"

لكن ما الذي يحصل فعلًا في جسمك؟ يؤثر التوتر على الدماغ الهامي (البدائي) الذي يرسل رسالة إلى الوطاء (تحت المهاد)، فيقوم الأخير بإمداد الغدد الصغيرة الكظرية الموجودة فوق الكليتين بالمعلومات. يبدأ الجزء الداخلي (اللبي- الكظري) بإطلاق الأدرينالين.

"ذات يوم وصلتني رسالة بالبريد المضمون من عملي؛ كنت قد قابلت مديري في اليوم السابق خلال أحد الاجتماعات. لم أتوقع ما الذي أكتشفته: «صرف من العمل». تجمد الدم في عروقي. أسرعت إلى سيارتي، وقدت مسافة كيلومترات كأنني أهرب، أو كأنني في سباق، ضاعفت السرعة مع شعوري بسيطرتي الكاملة على وضعي»."

إنه المسار العصبي السريع المسمى استجابة «والتر كانون للطوارئ» (واضع نظرية الكر والفر) والذي يسمح للمرء بالتفاعل مع الوضع. يتسارع نبض القلب، وتنقبض الأوعية الجلدية، ويتباطأ الممر المعوي، ويعلو العرق الجبهة، وتتمدد حدقات العينين. يستمد العقل والعضلات الأوكسجين بالدرجة الأولى، ما يسمح للجسم بالتفاعل والتكيف تجاه المخاطر التي أدركها العقل. ردة فعل الجسم على الإنذار بمثابة نداء الطوارئ.

«المواجهة أو الفرار»، ردتا الفعل الخاصة بكل فرد وفقًا لعدد من المعايير. إن دام الوضع على حاله، يعمل هرمون النورأدرينالين على تعزيز تأثير هرمون الأدرينالين:

الكر أو الفر

إنها مرحلة اليقظة؛ ويتسلم مجرى الدم مهمة نقل المعلومات إلى قشرة الغدة الكظرية التي تطلق هرمون الكورتيزول؛ تساعدك هذه الهرمونات على التحمل لفترة من الزمن، إذ تحافظ على توازن الغلوكوز في الدم وتطلق السكر المخزن في احتياطيات الجسم.

يزداد إفراز الكورتيزول في حالة التعب، أو ممارسة الرياضة المفرطة، أو التعرض للمضايقة. ويمكن للارتفاع الكبير في نسب الكورتيزول في الجسم أن يسبب انزعاجًا عميقًا.

> **نصيحة**
>
> تحكم بمعدل الكورتيزول في جسمك وخصص لنفسك أوقاتًا للراحة كي تسترجع قواك: بضع دقائق أو يوم كامل عند الضرورة. إنها أوقات ينصح بها، لا بل إنها ضرورية، لصحتك.

تنشط الغدة النخامية لإطلاق هرمون الكورتيزول الذي يؤدي عدة وظائف: تنظيم سكر الدم، تأثير مضاد الالتهاب، تنظيم ضغط الدم، نمو العظام، مقاومة التوتر. تظهر المشاكل حين يظل مستوى الكورتيزول مرتفعًا. هذا الفائض من الهرمون يستمر إذا كنت تعيش تحت الضغوط لفترة طويلة جدًا، وهو سمٌّ حقيقي لجسمك؛ ولخفض معدل الكورتيزول، لا بد من ممارسة النشاطات التي تحفز إنتاج هرمونات الراحة النفسية، مثل الإندورفين والسيروتينين والأوسيتينين التي يزيد إفرازها عند المشي والتأمل وتبادل مشاعر الحنان.

هرمونات الراحة والسكينة

تكون آلية التوتر أي الإجهاد مع ذلك أكثر تعقيدًا. وصرنا نعلم اليوم بوجود خيار ثالث ممكن: الجمود الكامن في آلية «المواجهة، الفرار، الجمود». منذ فترة قصيرة، سلط العلماء الضوء على الآلية التي تسمح للجسم بالدخول في حالة التخشب (فقدان مؤقت للحركة الإرادية)؛ ويتكون جهازنا العصبي اللاإرادي من فرعين: الودي ونظير الودي. يسمح الجهاز العصبي الودي بالمواجهة أو الفرار؛ أما نظير الودي فيسمح للجسم بالراحة والسكينة، ويمكنه أن يؤدي به إلى حالة من التخدر، وقد يعرضنا ذلك للخطر أو ينقذنا.

ماذا عنك؟

ما هي مؤشرات التوتر الجسدي لديك؟

هل تميل غالبًا للفرار أو المواجهة؟

هل سبق وأصبت بحالة من الذهول أو التخدر؟

ما هي ردة فعلك الفورية عند تعرضك للتوتر؟

تمارين

1

تمرين صعب ◷ 20 دقيقة

مسببات التوتر في حياتك

خذ الوقت الكافي لوضع قائمة بكل الأمور التي توترك. راجع ما سبق ودونته في التمرين الأول من الفصل الثاني، وفكر أيضًا بإجازات نهاية الأسبوع وعوامل التوتر الشهرية أو السنوية. خذ بعين الاعتبار أن المناسبات العائلية وبداية الإجازة الصيفية من مسببات التوتر.

مقابل كل مسبب للتوتر دونته في القائمة، حاول معرفة مدى قدرتك على التخلص منه. واسأل نفسك: كيف أغيِّر هذا الوضع؟

كيف أغيِّر هذا الوضع؟	مسببات التوتر

17

2

تمرين سهل 10 دقائق

عِش التوتر الإيجابي

ضع قائمة بكل ما يمكن أن يولد لديك السكينة والراحة. ثم احجز لنفسك في مفكرتك أوقاتًا للقيام ببعض النشاطات خلال الأسابيع الأربعة المقبلة.

الأنشطة محددة، وعليك تحمل مسؤولية تنفيذها في اليوم المخصص لها في المفكرة.

	نوع النشاط: السباحة مثلًا	نشاط تقرره وحدك، ولا تعتمد على غيرك لتقوم به	موعد النشاط
الأسبوع الأول			
الأسبوع الثاني			
الأسبوع الثالث			
الأسبوع الرابع			

التنفس

مفتاح راحتك وسكينتك!

• • • • • • • •

أطلق صرخته الأولى، ولفظ نفسه الأخير... التنفس هو ما تفعله طوال حياتك دون أن تنتبه غالبًا. إنه حليفك الأثمن لبلوغ الاسترخاء والسلام الداخلي!

مثال

يصعب عليك إيجاد مكان لركن سيارتك. تمشي بسرعة، وعيناك مثبتان على ساعة هاتفك. تفكر بزوجتك التي خرجت باكرًا هذا الصباح، ولم يتسن لك أن تتمنى لها يومًا سعيدًا. تتذكر بأنك وعدت بمساعدتها في مشروعها، ولكن متى ستجد الوقت المناسب لذلك؟ تتصارع الأفكار في رأسك. يُطلب منك الحضور إلى المقر الرئيس لشركتك، ولم يكن لديك أي فكرة عما ينتظرك هناك. تشعر بنفاد صبرك في انتظار المصعد؛ يتراكم الضغط عليك؛ تصاب بألم في الضفيرة البطنية (شبكة معقدة من الأعصاب في البطن)؛ تشعر بالضيق، وبصعوبة في التنفس...

أخصائي علاج طبيعي "مانوي"

«كنت في اجتماع مع مديري المباشر ولم نكن متفقين على موضوع النقاش. شعرت بالغضب يغمرني تدريجيًا. تذكرت ما تعلمته في فترة التدريب: شعرت بباطن قدميَّ على الأرض، وركزت على تنفسي، أطلت الزفير وشعرت بأني بدأت أرتاح. أحسنت بعد ذلك إدارة الموقف المعقد».

ربما انتابك في السابق هذا الإحساس، وشعرت بأنك لا تستطيع التنفس جيدًا. إن ضغوطات الحياة اليومية، والوتيرة السريعة التي تعيشها يوميًا تجعلك تنسى هذه الوظيفة الأساسية لجسدك.

عند الولادة، يطلق الطفل صرخته الأولى وتمتلئ رئتاه بالهواء للمرة الأولى؛ إن الحياة ممكنة لأننا نتنفس.

التنفس هو الحياة

يصل الهواء الذي نتنشقه إلى الرئتين، ويصبح على تماس مباشر مع الدم تقريبًا. إن الأوكسجين ضروري كي تعمل كيمياء الجسم بتناغم؛ وحين تمتلئ الرئتان بالهواء، ترفع العضلات الوربية الأضلاع. أما الحجاب الحاجز، وهو عضلة التنفس، فينخفض ويضغط على الأعضاء الداخلية، ما يؤدي إلى انتفاخ البطن؛ وعند الزفير يرتخي ويرتفع.

التنفس العميق يغذي جسمك

التثاؤب عملية مثالية لتطهير الجسم؛ حين تتثاءب تمتلئ رئتيك بكمية كبيرة من الأوكسجين، وتُخرج المزيد من ثاني أكسيد الكربون.

تنفسنا يحصل تلقائيًا، ومع مرور الوقت، يصبح تنفسنا صدريًا (من الصدر): نأخذ أنفاسًا «ضئيلة» ويؤدي ذلك إلى كبح عضلة الحجاب الحاجز. لكن التنفس هو الوظيفة الوحيدة من بين وظائف الجسم التي يمكننا أن نؤثر عليها بوعينا، وبما أننا نستطيع إمساك تنفسنا، إذًا يمكننا تعميقه والتأثير على توازننا الداخلي. فكر بتنفسك وتأكد بأنك تتنفس بانتظام، وأدرِك إن كنت تشعر بالراحة أو بالانزعاج!

أنت في موقع مثالي وأمامك منظر طبيعي، إن في نزهة أو على شرفة منزلك؛ أول فعل تلقائي تقوم به هو التنفس عميقًا لملء رئتيك بالهواء المنعش. هكذا

استنشق الإيجابيات

تتنفس النفحة الإيجابية لهذه اللحظة بالتحديد، وتغذي جسدك في الوقت نفسه. أنجز هذه العملية بكامل وعيك، وتخيل بأنك حين تزفر الهواء، فإن مشاعر الراحة ستنتشر في كامل جسمك لفترة طويلة. يا لها من طريقة جميلة لتعزيز هذه المشاعر المريحة.

نصيحة

استفد من أوقات الانتظار للقيام ببعض تمارين التنفس العميق: عند الوقوف في صف الانتظار، أو في المصعد... اِجعل زفيرك أطول لتحقيق أقصى مستويات الراحة. هذه التمارين الصغيرة البسيطة تؤثر على وظائف أعضاء الجسم.

اطرد السلبيات مع الزفير

أخرج أحاسيسك السلبية بطريقة واعية. ضع كل ما يثقل عليك ويكدرك في بالون كبير متخيل، وانفخ عليه لإبعاد كل القلق والمتاعب عنك. اِزفر وأفرِغ رئتيك تمامًا، كي تبعد البالون عنك قدر المستطاع. سيعطيك هذا التمرين راحة كبيرة، ويساعدك على إفراغ رأسك مما يشغله، وكذلك رئتيك المتسعتين لاستيعاب الهواء النقي.

تستطيع، عند التحكم بتنفسك، أن تؤثر على كل جهازك العصبي اللاإرادي. حين تتنشق الهواء بنشاط، ينشط الفرع الودي لجهازك العصبي، أي الفرع المحفز، والذي يسمح لك بالحركة السريعة. أما حين تزفر ببطء ولمدة طويلة، فإن الفرع نظير الودي من الجهاز العصبي أي الفرع المسكن والمهدئ، يسمح لك باسترجاع السيطرة على نفسك.

التنفس هو الرمز الحي للتبادل بين نظامنا الداخلي والبيئة. يستقبل الجسم الأوكسجين ويطلق ثاني أكسيد الكربون؛ هذا التبادل هو انعكاس ملموس لكيفية ارتباطنا بالعالم الخارجي؛ بمعنى آخر، إن طريقة تنفسنا هي الانعكاس الجوهري لما نعيشه في أعماقنا.

يستخدم التنفس المزدوج على نطاق واسع لإدارة الإجهاد. استنشق الهواء لمدة 3 ثوان ثم ازفر لمدة 6 ثوان. القاعدة تفيد بمضاعفة وقت الزفير، وزيادة هاتين المرحلتين تدريجيًا. مهما كانت السرعة التي تختارها، فإن الزفير سيكون دائمًا ضعف وقت الشهيق.

أزفر ببطء وبهدوء

أما التنفس المربع فمستمد من اليوغا. تكون مدة الشهيق 3 ثوان، يليه الاحتفاظ بالهواء لمدة 3 ثوان، ثم الزفير لمدة 3 ثوان، والاستراحة 3 ثوان. وتطول هذه الأوقات تدريجيًا مع التدريب، ويصبح التنفس مهدئًا للغاية.

ماذا عنك؟

هل تفكر بتغذية دماغك، المستهلك الأكبر للأوكسجين في جسدك؟
هل تكون على وعي تام بأعضائك التي تستخدمها عند التنفس؟
هل تشعر أحيانًا بضيق في الصدر؟
هل تتنهد أحيانًا؟ من الراحة أو من القلق؟
كيف تتنفس؟

حركة التنفس

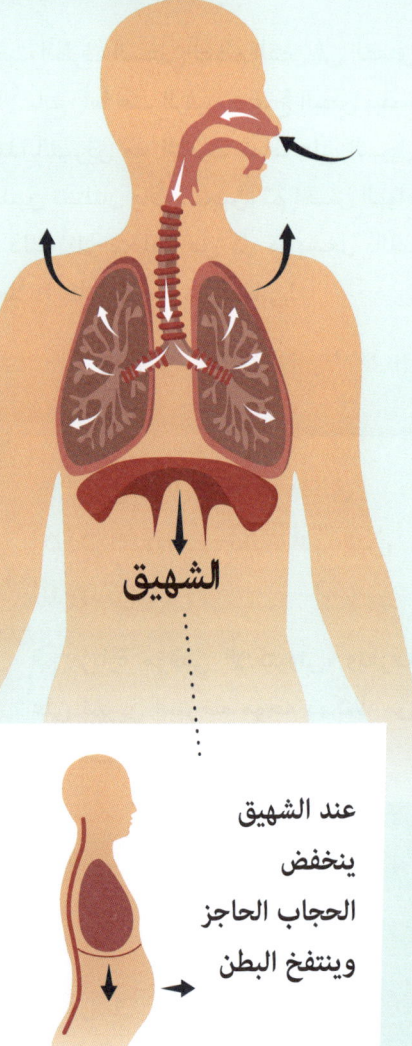

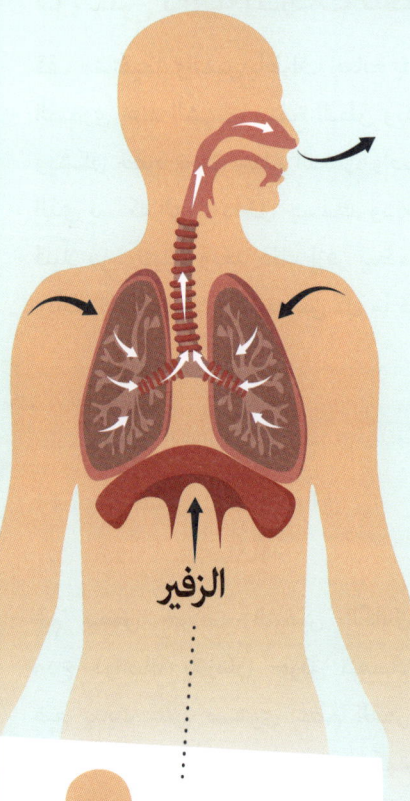

الشهيق
الزفير
عند الشهيق ينخفض الحجاب الحاجز وينتفخ البطن
عند الزفير يرتفع الحجاب الحاجز ويرتخي البطن.

أرقام

تركيبة هواء الشهيق
0.05 ٪ من ثاني أكسيد الكربون
21 ٪ من الأوكسجين
78 ٪ من الأزوت

تركيبة هواء الزفير
+- 5 ٪ من ثاني أكسيد الكربون
-+16 ٪ من الأوكسجين
78 ٪ من الأزوت

وتيرة التنفس
30 شهقة في الدقيقة
12 إلى 18 شهقة في الدقيقة
مولود جديد
بالغ

تمارين

1

تمرين متوسط الصعوبة · 5 دقائق

كن على دراية بحركات تنفسك

قف مستقيمًا، والمس بأطراف أصابع يدك وبخفة تحت الطرف السفلي لعظم القص في القفص الصدري. عند الشهيق ينتفخ البطن ويدفع أطراف الأصابع، أما عند الزفير، فيفرغ البطن ببطء ويشكل حفرة تحت عظم الصدر. واصل ممارسة هذا التمرين مع التعرف تمامًا على السبيل الذي يسلكه الهواء داخل جسمك، وداخل الرئتين اللتين تمتلئان بالأوكسجين، ثم احبس الهواء قليلًا في رئتيك، وبعد ذلك اِزفر ببطء؛ تخيل أثناء ذلك أنك تتخلص من كل ما يشغل بالك، وبأنك تفرغ رئتيك وعقلك من كل ما هو سلبي، وتملأ داخلك بكل ما هو إيجابي!

2

تمرين سهل · 3 دقائق

خذ نفسًا عميقًا!

قم ببعض حركات التنفس الكامل، ودع ذراعيك يلازمان حركة تنفسك. ضع يديك على مستوى عظم القص: أبعد المرفقين عند الشهيق ثم اتركهما يرجعان إلى موضعهما عند الزفير. اشعر بحركة الفتح والإغلاق. تجرأ على الانفتاح على العالم، وخذ وقتًا كافيًا لاسترجاع قواك: ما الذي تشعر به في جسدك بعد هذا التمرين؟ ماذا تتعلم من تنفسك عن نفسك؟

3

تمرين سهل · 10 دقائق

امنح نفسك لحظات من الاسترخاء

قم بزيارة موقعي الإلكتروني، وتعرف على تمرين استرخاء موجه يمكّنك من أخذ قسط من الراحة خلال يومك.

5

تناغم ضربات القلب

هل التأثير على نبض القلب ممكن أم مستحيل؟

ليس مستحيلًا، والطريقة في غاية البساطة:
إنها ممارسة تناغم نبض القلب.
تقنية سهلة التطبيق، ولكن تأثيرها الفعال
لن يتحقق إلا بالتدريب المنتظم.

مثال

إن كان لديك تطبيقًا إلكترونيًا لمتابعة ومراقبة تناغم ضربات قلبك، ستعرف بأن دقات القلب في حالة تغير دائم، حتى أثناء الراحة. صحيح بأن هذه التغيرات صغيرة جدًا ولكنها فعلية. لا داعي للذعر، فمن الطبيعي أن يتسارع نبض القلب ويتباطأ. وإن كان معدل تقلب ضربات القلب مرتفعًا، فهذا أمر إيجابي ويعكس توازنًا داخليًا جيدًا. ويخف التقلب والتغير مع الوقت، بفعل الأحداث في حياتنا، والعادات الجيدة أو السيئة كالتبغ. ويشير تقلب نبضات القلب إلى أن وظائف أعضائك تتكيف بسهولة مع البيئة من حولك. ولكن من الممكن تحسين هذا التكيف القلبي؛ فهل أنت مستعد لتجعل قلبك في حالة تناغم؟

قانونية في شركة «باسكال»

«أشعر في هذه الأيام بضغوط نفسية كبيرة. قررت البدء بممارسة تمرين تناغم القلب. أمارس هذا التمرين كل صباح في القطار، وبفضل دليل التنفس الذي حصلت عليه من الإنترنت، أستنشق الهواء لمدة 5 ثوان، ثم أزفر لمدة 5 ثوان، وهكذا دواليك على مدى 5 دقائق. المثير للدهشة، إني أشعر بعد ذلك بالسكينة، ويقل تأثري بالأحداث!»

كي نفهم جيدًا معنى تناغم نبض القلب، لا بد أن نقدم تذكيرًا بسيطًا. إن جهازك العصبي الجسدي يسمح بتحريك جسدك أو جزء منه طوعًا. خلافًا لذلك، فإن جهازك العصبي التلقائي أو الذاتي، يعمل لاإراديًا.

قِس نبضك الآن، وبعد 3 دقائق، وبعد 3 دقائق أخرى، وستكتشف بأنه غير ثابت. تتكيَّف وتيرة نبضات القلب باستمرار مع البيئة. الوقت الفاصل بين خفقتين يتغير على الدوام: إنه تغير النبض الآني.

نبض قلبك يتسارع ويتباطأ

إن تناغم نبضات القلب يتطلب جهازًا عصبيًا تلقائيًا مرنًا ومتكيفًا مع البيئة. بيَّنت الأبحاث في العلوم العصبية وعلم الأعصاب القلبية بأن حالة التوتر تخفض هذا التغير، وبالتالي فإنَّ الرهان يكمن بتعزيز قدرة الجهاز العصبي التلقائي اللاإرادي على التكيُّف لضمان مستوى أعلى من المرونة. وهذا ما يحقق التناغم في نبض القلب.

نصيحة

مارس تمرين تناغم نبض القلب ثلاث مرات في اليوم، حتى في المكتب. يمكنك تحميل العديد من تمارين التنفس الموجودة على المواقع الإلكترونية والتطبيقات على هاتفك الجوال مجانًا.

كيف يعمل التمرين بالتحديد؟ عند الشهيق، يعمل الجهاز العصبي الودي؛ وعند الزفير، يعمل الجهاز العصبي نظير الودي ويُبطئ نبض القلب.

يمكنك التأثير على جهازك العصبي التلقائي مع أنه «لاإرادي». تؤدي وتيرة التمرين القائمة على تتالي الشهيق والزفير مدة 5 ثوانٍ كل 5 دقائق، إلى تناغم نبض القلب. إن اتباع هذا الإيقاع

تنفسك يسرّع نبضك أو يبطئه!

في التنفس، يجعلك واعيًا لتنفسك، فتنتظم وتيرته، وبالتالي يتناغم نبض القلب معه وتصبح دقاته «متّسقة»، ويتخطى الاضطراب! إنه منحنى تغير النبض الذي يتناغم مع التنفس.

مارس هذا التمرين 3 مرات يوميًا!

من الضروري ملاحظة التحسن على المدى الطويل. عند ممارسة هذا التمرين بانتظام، ستلاحظ العديد من التأثيرات الإيجابية، إلا أنها لن تدوم، لسوء الحظ، لفترة طويلة. تتوافق ستة تمرينات متتالية في الدقيقة مع وتيرة تنفس من 0.1 هرتز القريبة من وتيرة تناغم الجهازين العصبيين الودي ونظير الودي. هذا ما يبرّر فاعلية هذه الوسيلة، والأفضل أن نمارس هذا التمرين كل أربع ساعات: صباحًا وظهرًا وعند منتصف فترة بعد الظهر.

ماذا عنك؟

هل تدرك أهمية التنفس بالنسبة لقلبك؟

متى تنوي تجربة تمرين تناغم نبض القلب؟

أي الأوقات هي الأكثر ملاءمة، حتى وإن بدأت بمرة واحدة في اليوم؟

تناغم نبضات القلب

موجات الدماغ البشري

بدون تناغم

تظهر موجات غاما خلال النشاط المكثف الذهني والعقلي.

غاما
31 -100 هرتز

تناغم النبض يتوافق مع موجات ألفا

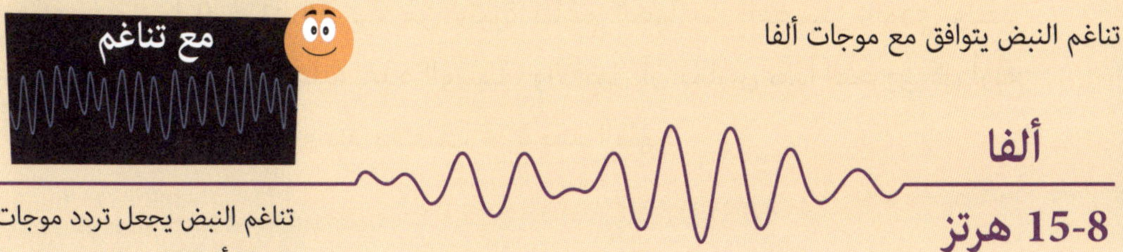

مع تناغم

تناغم النبض يجعل تردد موجات الدماغ ألفا يقارب 10 هيرتز، الموافق لحالة الاسترخاء.

ألفا
8-15 هرتز

يحتوي القلب نحو **40 ألف خلية عصبية** أو عصبون، فضلًا عن شبكة معقدة ومكثفة من الناقلات العصبية. ويتواصل القلب مباشرة مع الدماغ.

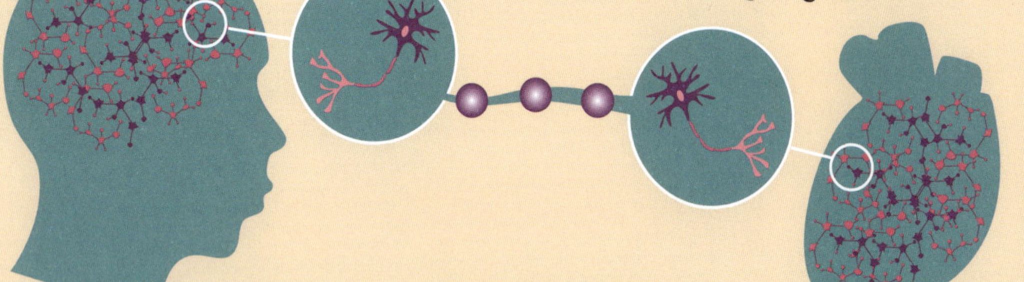

اعتمِده يوميًا طوال العام

365

3 مرات في اليوم
6 أنفاس في الدقيقة
لمدة 5 دقائق

بعد 6 أسابيع، قد ينخفض مستوى التوتر بنسبة 22% ومستوى الاكتئاب بنسبة 34%

يعاني 56% من الفرنسيين من القلق الدائم

3 موظفين من أصل 4 يعبرون عن تعرضهم للإجهاد في أعمالهم

تمارين

1

◀━ تمرين متوسط الصعوبة   🕐 10 دقائق

اعتمد تمرين تناغم نبض القلب

1 خذ وضعية جلوس مريحة.

2 احرص على توفير بيئة ممتعة، لأن هذا التمرين يشبه جلسة التأمل القصيرة.

3 تنشق الهواء لمدة 5 ثوان من الأنف.

4 ازفر لمدة 5 ثوان من الأنف كما لو كنت تنفخ في قشة الشرب.

5 اضبط إيقاع التنفس مدة 5 دقائق.

6 حمِّل العديد من التطبيقات الإلكترونية مجانًا لمساعدتك.

2

◀━ تمرين صعب   🕐 15 دقيقة (3 × 5 دقائق) في اليوم لمدة أسبوع

جدول تناغم النبض

قبل جدولة أسبوع تناغم النبض، ضع إشارة أو حدِّد موعد ممارسة التمرين على الجدول أدناه، كي تتمكن من متابعة التعلم. تذكر ضرورة ممارسة التمرين 3 مرات يوميًا لمدة 7 أيام، كي تبدأ بملاحظة التأثيرات الأولى على وضعك!

التمرين الثالث	التمرين الثاني	التمرين الأول	
			اليوم الأول التاريخ:
			اليوم الثاني التاريخ:
			اليوم الثالث التاريخ:
			اليوم الرابع التاريخ:
			اليوم الخامس التاريخ:
			اليوم السادس التاريخ:
			اليوم السابع التاريخ:

6

استفد
من لحظات الفراغ

تتخلل أيامك فترات راحة غير رسمية أو غير متوقعة، رحلات في السيارة أو القطار أو النقل العام. إن الاستفادة من هذه الأوقات بطريقة إيجابية قد تسهم في تحقيق توازنك الداخلي.

مثال

يتوجه «بيير» بخطوات سريعة نحو الورشة. لقد استيقظ متأخرًا عن الوقت المعتاد، وواجه زحامًا على الطريق. إنه يعمل على مشروع ضخم وينبغي عليه اتخاذ القرارات. لديه اجتماع على جدول أعماله مع المالكة لمناقشة مسائل السكن. هاتفه يهتز. رسالة نصية تبلِّغه بأنه تأخر 10 دقائق. قبل بضعة أشهر، دخن سيجارة لتمضية الوقت، ولكنه أوقف هذه العادة السيئة. جلس وأغلق عينيه وتخيل بأنه على صخرة كبيرة أمام البحر. استغل لحظات الاستراحة القليلة قبل وصول عميلته. شعر أن جسده المتشنج نتيجة التسابق مع الوقت هذا الصباح بدأ يسترخي شيئًا فشيئًا.

مساعدة إدارية
«ماري-ألين»

«أشعر بأني متعبة خصوصًا هذه الأيام. جدول أعمالي اليومي مزدحم للغاية. أعمل لقسم كامل؛ والمهام كثيرة بالإضافة إلى إدارة شؤوني الشخصية. كي أحصل على بعض الطاقة، اتبعت نصائحك ومارست تمارين التنفس المنشط في مكتبي قبل التوجه إلى قاعة الاجتماعات».

لقد أدركت أهمية الاهتمام بذاتك، واسترجاع قواك بعد الأوقات الصعبة، واستخدام تمارين التنفس للتهدئة، وتحقيق التناغم بين تنفسك ونبضات قلبك. كل هذه التقنيات تؤثر إيجابيًا على وظائف أعضائك الداخلية.

استخدم طرقًا صغيرة وسريعة للاسترخاء خلال أوقات الفراغ اليومية. النصائح التي أسديها للأشخاص الذين يرتادون عيادة الـ«سوفرولوجيا» التي أديرها تكون أحيانًا غريبة بعض الشيء!

❶ استفِد من لحظة استخدام بيت الخلاء: عند التوجه إلى المرحاض، استفد من هذا الوقت بعيدًا عن الأنظار، كي تتخلص مما يشغل بالك ويوترك. ازفر لإفراغ رئتيك من الهواء، اشهق شهيقًا عميقًا للاحتفاظ بالهواء داخل الرئتين وحرك الكتفين عدة مرات، ثم أرخ جسمك تمامًا بالزفير. ستشعر بالراحة.

كيف نضع الأمور في نصابها؟

❷ خذ استراحة للتدخين بدون تدخين! ماذا يفعل المدخنون؟ يخصصون 5 دقائق لاستنشاق الدخان عميقًا ومن ثم نفثه لفترة مماثلة. التدخين مضر جدًا بسبب الدخان السام. احذ حذوهم لكن بدون سيجارة! ابحث عن مكان في الخارج على مقربة من منفضة السجائر. اشهق عميقًا ثم ازفر طويلًا عدة مرات. يا له من شعور عارم!

حين تتنقل عبر أروقة المكتب أو المدرسة أو عند توجهك إلى موعد ما، أدرك بوعيك عملية تنفسك كما هي، ثم اشهق عميقًا على مراحل، وتخيّل حصولك على الطاقة والنشاط من الهواء المستنشق. على مدى الخطوات التالية، ازفر مع نية نشر

كل هذه الطاقة الموجودة في رأسك وجسمك وكل خلاياك. لا شك أن التنفس بهذه الطريقة سيمدُّك بالطاقة الحيوية. يمكن الاستعانة بتقنيات التنفس في أي وقت، أثناء المشي أو غيره، فذلك لن يستغرق سوى بضع دقائق من وقتك.

يعرض الكاتب «هال إلرود» في كتابه مفهوم الروتين الصباحي، ويقترح الاستيقاظ باكرًا لاستغلال الوقت بما هو هام بالنسبة لك، ولتنفيذ ما لا يسعك تنفيذه أبدًا لافتقارك للوقت. أقترحُ عليك الاحتفاظ بهذه الفكرة الجميلة كي ترافقك خلال ممارسة طقوس الزِنْ في التأمل والاسترخاء. عند الاستيقاظ في ساعة مبكرة قبل المعتاد، بما يتماشى مع وتيرة يومك، يمكنك جدولة فترة قصيرة للتأمل، وتنفيذ بعض تمارين اليوغا، وتخصيص بعض الوقت لقراءة ملهمة، وتناول وجبة الفطور في جو هادئ...

عند جلوسك خلف مقود السيارة أو في النقل العام، خذ الوقت الكافي لتشعر بنقاط الارتكاز في جسمك في الظهر والمؤخرة والقدمين واليدين على المقود. ثم نفذ بعض حركات التنفس العميق. هذا الروتين السريع سيربطك باللحظة الحاضرة.

إن كنت واقفًا في عربة المترو، كن واعيًا لقدميك على الأرض، وليدك الممسكة بالقضيب المعدني.

مع اقتراب يومك من نهايته، عند المغرب، أغمض عينيك وهنئ نفسك على أمور تفخر بأدائها، مهما كانت بسيطة: الابتسامة في وجه عابر سبيل، القدرة على الاحتفاظ بالهدوء في اجتماع عاصف، التنفس عميقًا لبضع دقائق. يا له من روتين لطيف يمكن اعتماده!

> **نصيحة**
>
> إن وجودك في بيت الخلاء، أو في المصعد، أو في صف الانتظار عند نقطة الدفع، هو الوقت المناسب لممارسة تقنيات الانتباه دون الحاجة لإضافتها إلى قائمة التمارين. استفد منها منذ اللحظة.

ماذا عنك؟

ما الحيل الصغيرة التي ستقرِّر وضعها موضع التنفيذ؟

ما الأعمال الروتينية التي أوردناها، ووجدت أنها ملاءمة لك؟

ما المهام الروتينية التي يمكنك التقليل منها كونها لا تعود عليك بأي أثر إيجابي؟

1

تمرين سهل · 10 دقائق

أتحكم بمشاعري سريعًا

تخيل بأنك ترى مشاغلك الجسدية والعاطفية والفكرية كلها، وأنت تضعها داخل حقيبة. أغمض عينيك وازفر لكي تفرغ رئتيك تمامًا. اشهق عميقًا وأنت تعيد ذراعك قرب الجسم. احبس الهواء وقتًا كافيًا بما يتيح لك التركيز على هدفك الخيالي؛ وعند الزفير مد ذراعك كي تحطم الكيس بكل ما يحتويه. كرّر هذا التمرين ثلاث مرات مستخدمًا ذراعك، ثم ثلاث مرات مستخدمًا الذراع الآخر. يمكن إنهاء التمرين باستخدام الذراعين معًا إن استطعت، وبذلك تحطم الهدف الخيالي تمامًا.

بين كل حركتين، أعد ذراعك أو ذراعيك إلى مكانهما بجانب الجسم واستقبل كل الأحاسيس. وعند إنهاء التمرين، قم بحركة تجميع الحطام ورميه بعيدًا عنك، أو تخيل نفسك تقوم بذلك.

يمكن تنفيذ هذا التمرين بصورة مبسطة أيضًا (مرة واحدة لكل ذراع مثلًا) في بيت الخلاء، أو في المكتب، أو في أي مكان آخر يتيح لك التنفيس عن مشاعرك، عوضًا عن التنفيس في وجه زميل أو معاون أو عامل التوصيل.

2

تمرين سهل · 5 دقائق

كراسة الامتنان

كراسة الامتنان عبارة عن دفتر صغير يُستخدم لبضع دقائق في اليوم، تدون فيه اللحظات السريعة التي شعرت خلالها بالسعادة، وعبارات شكر ترغب في التعبير عنها.

تمحورت العديد من الدراسات على قوة الأحاسيس الإيجابية وتأثيرها على الصحة الجسدية والفكرية للأفراد والمؤسسات. وابتداء من هذا الوقت، يصبح الالتزام بهذا الدفتر «الإيجابي» وسيلة للاستخدام دون أي تهاون.

لحظة قصيرة من السعادة	
شكر وجهته لشخص ما	
امتنان لمعالجة أمر ما	
فرح عميق	
ابتسامة غير متوقعة	
منظر فاتن (قوس قزح مثلًا)	

أبرز
كل ما هو إيجابي

• • • • • • •

«تناسوا ظروف معيشتكم برهة من الزمن وانتبهوا
للحياة (...).
ظروفكم هي نتاج أفكاركم، أما الحياة فحقيقية. ابحثوا
عن الدرب الضيق الذي يقودكم إلى الحياة».
إيكهارت تول

مثال

أنت تدير مركزًا للتأهيل منذ بضع سنوات بشغف. في الصباح الباكر،
تتوجه بخطى سريعة نحو المركز. تغمرك الأفكار: مجلس الإدارة لا
يسهل عليك الحياة، ولا يهمه سوى الأرقام؛ أرقام التسجيل، وتكاليف التشغيل. بعض
المدربين يشكون من مواعيد جلسات التدريب، وأحيانًا يتصرف العملاء بعدوانية.
يبدو أن اجتماع اليوم قد يكون صاخبًا جدًّا. فجأة، يداعب شعاع الشمس وجهك،
فتتوقف، وتغمض عينيك، وتشعر بأنَّ الشمس تغمر بشرتك، وتسمع زقزقة عصفور.
يتوقف الزمن، وتشعر بالحياة تمر عبرك.

إن توقفك بضع لحظات، وشعورك بوجود الحياة داخلك، كفيل بأن يغير نظرتك لظروف حياتك. ينقل «إيكهارت تول» في كتابه الأكثر مبيعًا، والمترجم إلى أكثر من 30 لغة، ما اكتشفه بنفسه خلال لحظة من حياته.

ربما اختبرت «ساتوري» (حالة اليقظة الروحية، أي التنوير المفاجئ)، إنها مثل تجربة الزِنْ أي الوعي الكامل من خلال التأمل والاسترخاء. إنه وقت معلق لا وجود فيه للزمن. تتيح لك هذه الاستراحات الزمنية التواصل الحميم مع ذاتك، إنه نوع من وحدة الجسد والروح؛ تلاحظ أثناءه ما يحيط بك، وتبقى متصلًا بأحاسيسك. إن عيش أوقات مماثلة لا بد أن يقودك بلطف نحو تغيير نظرتك للحياة.

يدعونا الكثير من المؤلفين لخوض تجربة هذا التغيير؛ وذكر «كين كيز جونيور»، وهو كاتب أمريكي من القرن العشرين، ومتخصص في تطوير الذات، أربعة شروطٍ لتحقيق السعادة: أن تكون حرًّا، وواعيًا، ومتضامنًا، ومسؤولًا. ويصف في 12 خطوة كيفية تفادي فِخاخ الأفكار والتحرر من التبعية والاتكال. واقترح بالفعل الارتباط بالطاقة الحيوية الموجودة «الآن هنا».

كذلك نشر الجراح السابق والطبيب النفسي «تييري جانسين»، مؤلفًا من ثلاثة أجزاء عن المفهوم الموسع للطب والمرض والسعادة. وقدم مقاربة عالمية للإنسان و«الطب التكاملي».

«إيكهارت تول» كاتب ومحاضر

«الشكوى تعبر دائمًا عن عدم تقبل الوضع. يحمل ذلك شحنة سلبية دفينة على الدوام؛ حين تشكو تضع نفسك في خانة الضحية. تخلَّ عن هذا الموقف أو تقبله. ما عدا ذلك يبقى ضرب من الجنون»

«ينبثق الجمال من سكينة الحضور»

لدماغك القدرة على إعادة تنظيم نفسه باستمرار: هذا يسمى «مرونة الدماغ». يمكنك تعلم سلوكيات جديدة، وإعادة تشكيل دماغك.

يدعوك علم النفس الإيجابي إلى تفعيل إمكانياتك الإيجابية، ومواجهة التحدي بعدم الانجراف نحو السلبية. ويقترح عليك دربًا لاستكشاف ذاتك بشموليتها. ويذكرنا بأن القوى الإيجابية موجودة فينا.

«عوضًا عن تأطير نظرتنا للإنسان ضمن عيوبه ومواطن قصوره، يبدو من الضروري أن نتذكر أننا أصحاب إمكانيات إيجابية للغاية. ويكمن التحدي في التعرف على هذه الإمكانيات وإبرازها من خلال أفعالنا. فذلك يبدو جليًّا؛ أنه الوسيلة الفضلى لتحقيق السعادة والبقاء في صحة جيدة».

كتاب «علم النفس الإيجابي»: السعادة، بكل حالاتها، وفقًا لثمانية مؤلفين، نسق مشاركاتهم «إليوس كوتسو» و«كارولين ليسير»، هي نوع من «النعمة الدائمة».

يمكنك أن تقرر ابتكار أوقات معلَّقة؛ إذ تسمح تقنيات الـ«سوفرولوجيا» بتفعيل مصادرك الإيجابية. يتعلق الأمر بتحفيز مشاعرك الإيجابية، داخل جسمك في اللحظة الآنية، سواء ارتبطت بالحاضر أو المستقبل أو الماضي.

نشعر غالبًا بأجسادنا حين لا نكون على ما يرام. يكمن الموضوع في استيعاب واستقبال مشاعرنا الإيجابية التي ستصبح علامات داخلية إيجابية يمكننا تفعيلها في أي وقت؛ ستنشأ لدينا عادة تسمح لنا بالاتصال شيئًا فشيئًا بكل ما هو الإيجابي ويحيط بنا.

نصيحة

منذ اليوم، اِبدأ بتدريب دماغك إيجابيًا! باشر باستيعاب فكرة أنك حيٌّ. تنبه لكل ما هو إيجابي حولك: ابتسامة زميل، زقزقة عصفور، رائحة شرابك المفضل.

«العواطف الإيجابية تصلح الجسد»

فعِّل الإيجابية بانتظام!

ماذا عنك؟

هل اهتممت من قبل بهذه اللحظات المميزة؟

في هذه الحال، هل يمكنك الاستمتاع بها بالكامل؟

هل تعير اهتمامك للحياة التي تتدفق داخلك؟

ماذا تعني لك فكرة قوة الحياة؟

هل تعي الأحاسيس الإيجابية في جسمك؟

تمارين 1

تمرين متوسط الصعوبة ◔ 15 دقيقة

درعي الخاص

1. اختر حيوانًا يمثلك، وتعتبر أن خصائصه شبيهة بخصائصك.

حيواني المختار هو:

....

2. ضع قائمة بصفاتك وبالعناصر الإيجابية التي تميزك، والتي تود إبرازها في درعك.

صفاتي هي:

1. ....

2. ....

3. ....

3. اكتب مقولة يمكنها أن توجه أفعالك، وترشدك في المستقبل.

مقولتي هي:

....

دوِّن تلك العناصر على ورقة كبيرة، ورتبها في إطار شبيه بالدروع القديمة. علق الدرع في مكان يمكنك رؤيته دائمًا، ليذكرك بكل القيم التي تثريك وتثري حياتك.

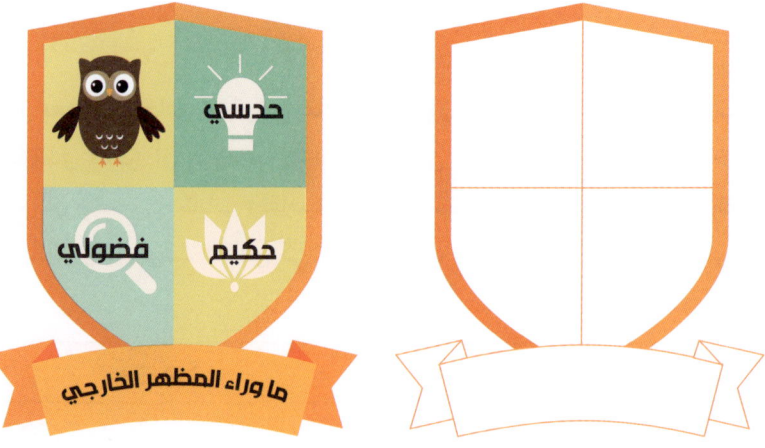

◄◄ تمرين سهل   ⏱ 5 دقائق يوميًا لمدة أسبوع

أوقاتي المميزة

في الجدول أدناه، اذكر في كل يوم ولمدة أسبوع، لحظة سريعة مميزة، واكتب كل المشاعر التي أحسست بها خلال هذه اللحظة في جسمك (مشاعر، مدركات، عواطف...)

ما أحسست به	اللحظة المميزة	التاريخ

◄◄ تمرين صعب   ⏱ 20 دقيقة

أنا أعي إمكانياتي الإيجابية تمامًا!

قم باختيار بعض الأشخاص المقربين منك وينشطون في مجالات مختلفة: أقارب، أصدقاء، زملاء... ما الذي يمكن أن يقوله هؤلاء الأشخاص من أمور إيجابية عنك؟ اكتب خطابًا واقعيًا كاملًا يمكن أن يتضمن حكايات وتفاصيل عن شخصيتك. دوِّن كل ما يمرُّ بخاطرك، واستمتع بكل إمكانياتك؛ وخذ الوقت الكافي كي تقدِّر ما أنت عليه، واستكشف الحياة التي تجري في عروقك.

ماذا يقول؟	من هو؟

جسدك

كنز...

• • • • • • • •

« جسم الإنسان هو السفينة التي تشرع فيها الروح
لعبور بحر هائج»،
أكسيل أكسينسترنا، تأملات ومُثل (1645)

مثال

تقود «بيرانجير» بسرعة كبيرة على الأوتوستراد. تشعر بالتعب منذ فترة من الزمن، بمجرد أن تستيقظ صباحًا، حتى بعد ليلة من النوم العميق. لم تستطع أن تأكل أي شيء هذا الصباح أيضًا، وتشعر بأن رأسها سينفجر، ولديها الكثير من الأعمال بانتظارها. إنها مولعة بعملها وأوشك المشروع الذي تنكب عليه على الانتهاء؛ ولا مجال أبدًا لطلب يوم إجازة. من واجبها أن تطمئن الجميع، فهم يعوِّلون عليها. تشعر بانقباض في حلقها، وبالكاد تمكنت من إيقاف عربتها جانبًا. استعادت وعيها، ووجدت نفسها في المستشفى. التشخيص: الاحتراق الذاتي.

41

يسمح لك جسدك بتأدية كل التجارب الحسية والإنسانية؛ ولا تعيره أي اهتمام طالما أن وظائفه تعمل جيدًا. يرسل لك إشارات كي تتنبه لتلك التجارب وتعيها تمامًا، وإلا فإنه سيحول دون إمكانية مواصلة نشاطك. تسرع إلى الطبيب لحل المشكلة، وتواصل العمل بوتيرتك المجنونة، علمًا بأنه من الضروري أن تهتم بأغلى ما تملك.

«روز ماري»
تخضع لإعادة التأهيل المهني

«استعيد عافيتي ببطء من تجربة الاحتراق الذاتي. اكتشفت بأني لم أكن مدركة لجسدي بالمطلق. لاحظت بعض المؤشرات ولكني لم أعرها أي انتباه. أنا حاليًا في مرحلة إعادة التأهيل لأني بحاجة لها، وأعرف إلى أي حدٍ أهملت نفسي تمامًا. اليوم، أحصل على جلسات تدليك، وهذا يساعدني كثيرًا».

جسدك يخاطبك، استمع إليه!

الاستماع إلى جسدك عندما ينبهك يشكل الخطوة الأولى؛ ولكن الاستماع إليه ببساطة ومحاولة التعرف عليه، لا بد أن يتيح لك فرصة استكشاف هذه التنبيهات المرتبطة ارتباطًا وثيقًا بنفسيتك.

أبعدتنا بعض التيارات الفكرية عن أجسادنا، وفرضت علينا محظورات جعلت حياتنا صعبة. لحسن الحظ، حدَّد الأطباء وعلماء الـ«سوفرولوجيا» والباحثون والمعالجون الأهمية الواجب توفيرها لجسدنا ضمن توجه علاجي في حياتنا اليومية. هذا الجسد يرافقك في رحلة حياتك دائمًا، ويسمح لك، بفضل الرسائل التي يرسلها، بتنظيم وتيرة حياتك.

جسدك هو بوصلتك

بعد تكوُّنك، تشهد الخلية الأولى انقسامات لا متناهية تتيح تشكيل ثلاثة تلافيف جنينية أساسية، وهي الغلاف الخارجي للجنين الذي يتكون من خلاله الدماغ، والنسيج العصبي والجلد. يتكون الجلد منذ بداية التطور الجنيني ويكتشف الجنين حواسه باللمس. جلدك الذي يغلف جسدك هو عضو حسي رئيسي وأساسي ويضم 600 ألف

القيام بحركة معينة، مع الانتباه لكل المعلومات الحسية التي تصلك من جرائها، تطوِّر وعيك بجسدك.

42

مستقبِل على الأقل. وتجتاح دماغك على الدوام إشارات جسدية تعدِّل مشاعرك وأفكارك... يوفر لك الجلد الحماية، ويشكِّل بتماسه المباشر مع البيئة الخارجية الوسيط الرئيسي بينها وبين الجسد. ويستخلص من كل ما سبق وجود رابط بين اللمس والأداء السليم لجهازك العصبي.

نصيحة

بعد يوم عمل حافل، ينال منك الإرهاق جسديًا ونفسيًا؛ مارس التدليك الذاتي، مع التركيز على ما تفعله. إن الشعور بحدود قدرتك الجسدية يتيح لك استجماع نفسك.

التأثير على جلدك وجهازك العصبي

يسمح التدليك بتفعيل الجهاز العصبي نظير الودي. تذكر أن هذا الفرع من الجهاز العصبي هو الذي يمنحك الهدوء والسكينة... يستطيع التدليك، وإن كان جزئيًا، تخفيف التوتر لأنه يخفض معدل هرمون الكورتيزول في الجسم. والهدف المنشود لتفادي الاحتراق الذاتي: التأثير على الفيزيولوجيا الداخلية، والحفاظ على هذا التوازن بأي ثمن.

ماذا عنك؟ ....

هل يرسل جسدك رسائل لك؟ ما هي هذه الرسائل؟
هل تأخذها بجدية؟ هل تعي تمامًا أهمية اللمس أو التدليك؟
هل فكرت من قبل بالحصول على جلسة تدليك؟
متى حصلت على آخر جلسة تدليك؟

1

تمرين سهل · 8 دقائق

أمارس التدليك الذاتي لوجهي.

في المكتب، واضعًا مرفقي على طاولة.

نصيحة: تبدأ هذه الحركات من منتصف الوجه.

- دلِّك جبهتك من المنتصف نحو الصدغين.
- دلِّك قوسي الحاجبين متتبعًا البنية العظمية.
- دلِّك الصدغين دائريًا.
- دلِّك الوجنتين تحت العينين متتبعًا البنية العظمية.
- دلِّك تحت الوجنتين ومسِّد الوجه نحو الأذنين.
- دلِّك جانبي الأنف وأسفله (التجويف بين المنخرين).
- دلِّك حول الفم باتجاه الأذنين.
- دلِّك الفك السفلي، والتقطه بأصابعك كالملقط.
- دلِّك الأذنين كما لو أنك تستكشفها بأصابعك.

2

تمرين متوسط الصعوبة · كل يوم لمدة أسبوع

أسبوع اللمس الواعي

تنبّه، على مدى أسبوع، للتلامس الجسدي الذي يحصل بينك وبين الآخرين. دوِّن عدد المرات التي لمست فيها شخصًا ما أو لمسك شخص ما، وكن على معرفة واعية ومتنبهة لكل مرة تلمس خلالها شخصًا ما سواء لمصافحته أو تشجيعه.

إن اكتشفت، بعد مرور أسبوع، بأن مرات اللمس باتت أقل لأسباب متعددة، فربما يكون مناسبًا التفكير بالحصول على جلسة تدليك، وحتى إن كان جزئيًا للجسد. توفر بعض المجموعات إمكانية الحصول على جلسة تدليك في وضعية الجلوس لمدة 15 إلى 20 دقيقة، ولا تعتقد بأنها مضيعة للوقت بل استفد منها. لا شك بأن جهازك العصبي سيكون ممتنًا لك.

3

↤ تمرين صعب ⏱ 15 دقيقة: 3 مرات يوميًا لمدة 3 أيام

أنصت لجسدي

خصِّص وقتًا مناسبًا، صباحًا وظهرًا ومساءً، للإنصات لجسدك. دوِّن كل الإشارات التي يرسلها لك (الإيجابية والسلبية)؛ لتحقيق هذه الخطوة، أغمض عينيك وقم بجولة إشرافية سريعة على جسمك. يساعدك الوعي بالمناطق المتشنجة فيه على تحقيق الاسترخاء. في حال ملاحظة أي انزعاج أكثر دقة، فالوقت قد حان للاهتمام بهذا الأمر. أما إدراكك لمواقع الاسترخاء، فقد يكون وسيلتك للإنصات جيدًا.

	اليوم الثالث	اليوم الثاني	اليوم الأول	أحاسيسي
				صباحًا
				ظهرًا
				مساءً

تمارين

الحركة
المتناغمة

. . . .

«المطلوب هو البدء في التعلم، أكثر قليلًا كل يوم،
عن جسمك الذي تستند إليه».
جيردا ألكسندر، «استعادة الجسد
بالشدِّ المتوازن»

مثال

تتنبه بأن آلام جسمك تزداد أكثر فأكثر. لم تعد جلسات العلاج الطبيعي ولا جلسات تقويم العظام كافية. الألم يجتاح جسدك كله بانتظام. ربما من المجدي أن تحاول طريقة «فيلدنكريز»؟ هذه التقنية تسمح لك بتجربة حركات لطيفة، ترفيهية إلى حد ما، شديدة البساطة وأحيانًا غير اعتيادية. قد تغير ممارسة هذه الطريقة روتينك اليومي. ويثني بعض ممارسيها عليها بالقول: «يبدو أن الحياة عادت لتتدفق من جديد في جسدي، كما لو أن مفاصلي قد فُكَّت قيودها». يمكن ممارسة هذه الطريقة فرديًا أو ضمن مجموعة، وهي طريقة ممتازة للإنصات إلى جسدك.

بحث كثيرون ولا زالوا يبحثون عن أساليب لتحقيق التناغم. لكن ما هو التناغم بالتحديد؟ إنه «العلاقة الملائمة بين أجزاء الكل الواحد». وينطبق هذا على الفنون والمجموعات البشرية والكون وجسم الإنسان.

لنعد إلى جسدنا المتشنج والمتعب والمتهالك والمستلقي... نقف في وسائل النقل العام لفترة طويلة؛ فيما تجول أعيننا بحثًا عن مقعد شاغر. جسدنا في حالة تفاعل دائم مع الحيز المكاني. قد يكون الوقوف باستقامة وضعًا مريحًا إذا كان الجسد بحالة اتصال مع محيطه. منذ أكثر من قرن من الزمن، ابتكر الموسيقي السويسري «إيميل جاك- دالكروز» طريقة يكون فيها الجسد في قلب الموسيقى التي يدرسها. فقد أدرك أهمية الجسد المتحرك بالنسبة للموسيقيين.

«هارموني» أصلها يوناني «harmonia» وتعني التناغم

كانت «جيردا ألكسندر» التي درست هذه الطريقة تخطط لاعتمادها في مسيرتها المهنية الفنية. كانت تعاني من الروماتيزم الحاد في المفاصل، وطوّرت طريقة خاصة بها لتخفيف الآلام، واستعادت قواها على نحوٍ أفضل، أبقتها نشيطة بشكل مريح. وتعد طريقة «Eutonie» أو «الشدُّ المتوازن» للجسم أي المنسجم، ممارسة جسدية ناعمة تكون فيها الأحاسيس مثل المرشد الداخلي، لتحديد وإدارة الوظائف الحركية في بيئة معينة.

الدكتور «ريشارد ماير» طبيب نفسي

«هناك أمور هامة لا تحدث إلّا على مستوى الجسد. إذا شعرتُ بالتشنج في جسدي، فالتحدث طوال ١٠ جلسات نفسية لن تكفي للاسترخاء. يؤدي الاسترخاء والتدليك وغيرهما من الطرائق ما هو مطلوب، وبالتالي يؤثر هذا الاسترخاء على نفسيتي».

يوجد وسيلة لإجراء تمارين «يوغا» بسيطة في المكتب. راجع الرسم في الصفحة ٥٠

> **نصيحة**
>
> تشجَّع ومدِّد جسمك كما تفعل القطط! اكتشف من جديد فرحة التمدد ببطء وبلا مبالاة. راقب الحيوانات والأطفال فهم يقومون بهذه الحركة فطريًا.

وصف «موشي فيلدانكراي»، الفيزيائي في المجال النووي، والمهندس والرياضي عالي المستوى، في فترة مبكرة جدًا، القدرة على التغيير من خلال التجربة. وكونه رائد مطاوعة الدماغ (اللدونة العصبية)، فقد طوَّر منهجًا بفضل طريقته في تفسير الحركة بوصفها أساس كل فعل بشري: «التعرف على الذات يبدو الأمر الأهم الذي يمكن للإنسان أن يقوم به لنفسه».

جميعهم أدركوا أهمية جسدنا وأهمية تحريكه بتناغم مع الانتباه لحالات الجسم.

تخيل وجود سلَّم ضخم في ورشة بناء، ويصعب عليك رفعه بسبب ثقله. لكن حين يكون واقفًا باستقامة، يمكنك إبقاءه على هذا الوضع ولو أسندته بإصبع واحد!

أداؤنا السليم يتأثر بوضعية أجسامنا

ينطبق الأمر نفسه على جسمك؛ وضعية الاستقامة هي حالة الجسم في حياته اليومية. لم يخلق الإنسان كي يبقى جالسًا؛ لذلك ننصح باتباع الوضعية التالية: قف واجعل رجليك متوازيتين وبعيدتين قليلًا عن عرض الحوض. وليكن حوضك مدفوعًا نحو الخلف، بحيث يخفف قدر المستطاع من تقوس الظهر. تكون الركبتان لينتين والبطن مرتخيًا. اجعل وضعية رأسك متوازنة بتخفيف انحناء الرقبة. يمكن تحريكها قليلًا من اليمين إلى الشمال ومن الأمام إلى الخلف، كي تتمكن من الشعور بوضعيتها المستقيمة عاموديًا.

أن تكون واقفًا وجسمك مستقيمًا، يُكسبك العديد من المميزات: فأعلى الصدر يكون سالًّا ومتحررًا، ويمكن عندها للحجاب الحاجز الحصول على مزيد من المساحة للتنفس التلقائي العادي (من ربع إلى نصف القدرة الاستيعابية للرئتين) وللتنفس اللاواعي القريب من القدرة الاستيعابية الكاملة للرئتين. ويجري الحجاب الحاجز المحرر من الثقل تدليكًا داخليًا مفيدًا للأحشاء. وتتحرَّر الضفيرة البطنية بدورها،

وهي عبارة عن كتلة من الأعصاب موجودة تحت عظم الصدر، ومن ثم تسترخي. ويمكن للهيكل العظمي أن يؤدي وظيفته، فالفقرات تتشابك بتناغم لتحقيق الحركة الأمثل.

لا يقف الأمر عند هذا الحد! فإن قمت بضبط أجزاء جسدك كي يصل كل منها إلى موقعه، ستصبح وضعيتك العامودية في حالة راحة، ستظهر عليك مشاعر التناغم الجميلة...

ماذا عنك؟.............

هل سبق أن جذبتك فكرة التمارين الجسدية؟

ما الذي يمنعك؟

ما رأيك بهذه الطرق: «دالكروز»، «الشدُّ المتوازن»، «فيلدينكرايس»، «سوفرولوجيا»، «يوغا»، «كي- غونغ»؟

تحرّك بتناغم

تمارين الرأس:

حرِّكه للأسفل، وحرِّكه للأعلى، ثم دائريًا

انظر إلى الوراء:

ضع اليد اليمنى على الركبة اليسرى، وحرك الجزء العلوي من الصدر ناظرًا إلى الخلف، أنجز هذا التمرين على الجهتين

إرخاء كامل للصدر نحو الأمام:

ازفر وأرخ الذراعين والظهر والرأس تمامًا.

اشهق واجعل ظهرك مستقيمًا

تمارين على الكرسي:

1. ظهر مستقيم 2. ظهر مقوس 3. ظهر مقعر 4. ظهر مستقيم

تمارين

1

تمرين صعب · 15 دقيقة

وفرة الطرق الجسدية!

ضع اسم الطريقة وتعريفها: «دالكروز»، «الشدُّ المتوازن»، «فيلدينكرايس»، «سوفرولوجيا»، «يوغا»، «كي- غونغ».

1. انضباط الجسم والروح. مجموعة واسعة من التمارين والتقنيات التي تستخدم وضعيات الجسد وتمارين التنفس والتأمل، فضلًا عن الاسترخاء العميق.
2. مقاربة جسدية ترمي إلى التعرف الأفضل على الذات، وتسمح باستخدام أفضل للجسم في كل النشاطات اليومية الشخصية والمهنية.
3. إدراكك الواعي لجسمك يتيح لك استعادة الأداء الأفضل والراحة المؤكدة. أدرك عادات جسمك بوعي، وجرب إدراج ودمج البدائل، واشعر بإمكانيات التغيير.
4. معرفة الذات هدفها الكشف عن إدراك ووعي الذات، عبر تمرين الفرد على تقنيات تنشِّط الجسم والعقل.
5. رياضة صينية صحية. تقنية كاملة ومنظمة، يمكن الوصول إليها بسهولة، وتسمح بالحركة الهادئة والفعالة لجسدنا وفكرنا، وهي سبيل أكيد وقوي لتغيير جسدنا (العمل على الهيكل)، والحيوية (التحرر وتهدئة التنفس) والسكينة (ضبط العواطف وتقنيات التأمل).
6. تربية ناشطة وموسيقية قائمة على حركة الجسم. حركة تعليمية عالمية تربط بين الجسم والروح. تعزز الاستماع والمهارات الحركية والاجتماعية.

الأجوبة

1. يوغا، 2. الشدُّ المتوازن، 3. فيلدينكرايس، 4. سوفرولوجيا، 5. كي- غونغ، 6. دالكروز

عش حاضرك

بالكامل...

•••••••

«عش يومك المتاح، ولا تنتظر الغد».
هوراس، قصائد، المجلد الأول، 11

مثال

هل سبق لك أن كنت في إجازة أو في عطلة نهاية الأسبوع، وفكرت بما ينتظرك عند عودتك؟ تجلس مسترخيًا على حافة بركة السباحة، تستمتع بشراب منعش، ثم تبدأ بعدِّ الأيام المتبقية لك من إجازتك، وتفكر بكيفية تنظيم أمورك في اليوم الأخير من إقامتك في الفندق. تركز اهتمامك في الوقت الحالي على مكان عيشك المعتاد. تفكر بالعمل الذي ينتظرك، والمهام التي عليك أن تعنى بها لدى عودتك، والاجتماع الذي يتعين عليك التحضير له، والاستحقاقات التي ينبغي عدم إغفالها. بالاختصار، تغوص في أعماق فكرك، وتغيب تمامًا عن اللحظة الآنية. إنها حالة من اللاوعي!

«بيدرو»
متطوع في شركة تايلاندية

«طلب منا عدم التحدث عن أسرنا وأصدقائنا والعمل والأسفار، أي أن نكون حاضرين في اللحظة الحالية. هل التحدث عن هذا وذاك، والتفكير بهذا وذاك، له تأثير مباشر على حاضري؟ وإلا لماذا يتعين عليَّ عدم التفكير بها ولا التحدث عنها. لقد كانت هذه القاعدة، على بساطتها، شديدة الفاعلية بالنسبة لي كي أتمكن من إسكات 'إذاعتي الداخلية' التي تواصل العمل داخل رأسي».

كما ذكرنا سابقًا، ليس بالأمر البسيط أن نعيش اللحظة الحالية بالكامل. يقول «جون كابات زين»: «قدرة اللحظة الحالية هائلة، ومع ذلك فإننا نستمر، في أغلب الأوقات، على العيش في الماضي أو في المستقبل، في الذكريات أو في الترقب الدائم، مستغرقين في مشاغلنا ومخططاتنا. لا ندرك ولا نعترف أبدًا إلى أي مدى يمكن لهذه اللحظة، اللحظة الوحيدة التي نحياها، أن تكون قوية وشافية». استخدم هذا الكاتب المعروف عالميًا التأمل في الأوساط الطبية لتخفيف التوتر، وحققت طريقته نجاحًا كبيرًا إلى حدٍّ انتشارها في كل أنحاء العالم.

تدرب على عيش اللحظة!

تحدث الشاعر هوراس الذي عاش في غابر الزمان عن «اللحظة الآنية» ودعا للاستسلام لها وعيشها. ووفقًا لـ «إيكارت تول»، إن فكرنا يتحكم بنا لأننا نسمح له بالسيطرة على حياتنا. وفي حال تعلمنا كيفية التخلي عن ذلك، سنتوقف عن معاناة لا داعي لها.

كيف نتحرَّر من أفكارنا؟

ما هي الحيل والطرائق التي تتيح العيش في الحاضر؟ ما هو سر الأشخاص الذين يبدو بأنهم تمكنوا من تحقيق هذا الهدف؟ اسمعك تقول: «الوقت الحاضر، أنا موجود فيه على الدوام! ها أنا الآن في الوقت الحاضر!» يبدو هذا المفهوم تجريديًا إلى حدٍّ بعيد...

ما سبب هذه التعقيدات؟ لكي نحاول استيعاب هذا الأمر، فلننكب على دماغنا أو بالتحديد على أدمغتنا الثلاثة: الدماغ الهامي، والدماغ الطرفي، وقشرة الدماغ الجديدة.

الدماغ الهامي هو الأقدم. يسمح في الأصل بالمواجهة أو الهروب في حالة الخطر، وهذا ما يدعى بغريزة البقاء. يمكننا هذا الدماغ الهامي من السيطرة على حركاتنا وتلبية احتياجاتنا الأساسية مثل التنفس والتغذية. ويقوم أيضًا بإدارة الانتباه والمتعة. ويطلق هذا الدماغ الاستجابة الانعكاسية الثنائية، وله الأسبقية على الدماغين الآخرين في حالة الخطر.

الهامي والطرفي وقشرة الدماغ الجديدة

يسمح لك الدماغ الطرفي بالحفظ والتذكر، وبالإحساس والشعور، واتخاذ قرارات المدروسة. إنه في قلب المشاعر التي تساعد على تحفيزك، وتحقيق النجاح أو الحؤول دونه. كما يسمح لك باختبار ما يمنحك المتعة.

أما قشرة الدماغ الجديدة فتقع في المركز الذي نسميه الوعي. تضمن هذه القشرة معالجة البيانات، وتسمح بالتفكير العقلاني، والإدراك. وتراقب الدماغ الهامي والدماغ الطرفي.

تعمل الأدمغة الثلاثة معًا؛ وإدارة التفاعلات بين غريزة بقائنا، ومشاعرنا، وتفكيرنا العقلاني عملية معقدة؛ إذ ليس من السهل دائمًا أن نرى بوضوح ما يحدث داخل عقولنا.

مع ذلك، إن تطوير معرفتنا بذواتنا يعتمد على أصل رئيسي: أجسامنا. لماذا؟ لأنها موجودة في الحاضر دومًا، على عكس أذهاننا التي تقفز مثل قرد صغير من فرع إلى فرع.

طورت التقاليد البوذية تمارين اليقظة الذهنية؛ تتعلم من خلالها كيف تقود انتباهك وتوجهه.

نصيحة

لا تقع فريسة مغريات اللهو مثل الهاتف والتلفزيون والإعلام. أنجز كل عمل من أعمالك على حدا، فهذا يسمح لك بإبطاء وتيرتك وتركيز انتباهك على ما تقوم به.

الاستماع لجسدك، يعني التنبه لكل أحاسيسك، عندها تهدأ أفكارك. إنه القبول بكل ما نشعر به، وما نتلقاه، دون إصدار أي أحكام أو تفسيرها. أي أنه يتقبل ما يحصل بكل بساطة. مع الاستمرار في ممارسة هذا التقبل، فإن التنبه يسمح بوقف أفكارك والعيش في الحاضر فعليًا.

الاستماع لجسدك هو مدخل تواجدك لذاتك

ماذا عنك؟

هل لديك «إذاعة ذاتية» داخل رأسك؟

هل تنجز ثلاثة أعمال في آن واحد؟

إذا كانت الإجابة نعم، فما الذي يمنعك من إنجاز كل عمل على حدا؟

تمارين

1

تمرين صعب · 3 دقائق بانتظام ليوم كامل

انزع نظارتك «المشوِّهة»...

طوال اليوم، كلما اقتربت من شخص ما، انظر إليه نظرة جديدة كأنها المرة الأولى التي تقابله فيها. ابتعد عن الأحكام السابقة، وإسقاطات المستقبل. انظر إليه الآن وهنا، بالكامل في اللحظة الحالية.

2

تمرين صعب 20 دقيقة

التأمل المركَّز على شيء ما

خصّص وقتًا للتأمل بالتركيز على غرض ما، أي محتوى فكري، قد يكون صورة، أو جملة ملهمة، أو صوت، أو كلمة، أو شيء حي أو جامد. لمساعدتك في هذا التمرين، نقترح عليك ما يلي:

- شجرة، زهرة، فاكهة...
- كلمات «هدوء»، «سكون»، «سلام»، «حياة»...
- الأصوات «إي»، «أو»، «آ»، «أُم»...

عند إنهاء هذا التمرين، خصص وقتًا لتدوين ما عشته، ومن المفضل تدوين ذلك في دفتر يجمع نتائج تجاربك كلها.

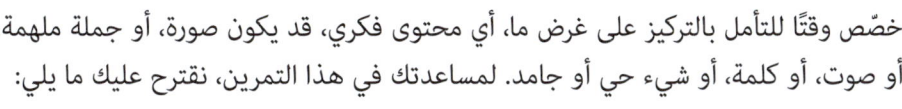

11

معتقدات

تقوِّض حياتنا

الأصوات الصغيرة من ماضيك ما هي سوى محركات لا واعية تجبرك على تبني سلوكيات معينة. قد تكون هذه السلوكيات مفيدة في فترة الطفولة، ولكن قد يصبح من الضروري التخلي عن بعضها في مرحلة البلوغ.

مثال

نجلس على جانبي الطاولة. يسألني المعالج: «ماذا ترى على هذه الطاولة؟» أجيبه: «علبة زرقاء». فيقول لي: «كلا، ليست علبة زرقاء!» أشعر بالانزعاج قليلًا... «أؤكد لك بأنها علبة زرقاء». يرد قائلًا: «أنا أرى مفكرة أوراق مختلفة الألوان». ينحني نحو العلبة الزرقاء ويديرها صوبي 180 درجة: «أنت على حق، وأنا أيضًا على حق. ما تراه هو جزء من الواقع، وما أراه هو جزء من الواقع، أي أننا نحن الاثنان على حق...» هذه حقيقتي ولكلٍّ منَّا حقيقته، ولكن هل هذه هي الحقيقة؟

«لورانس» محاسب

«لم أعد أستطيع التركيز على عملي. فكري كان مشغولًا تمامًا بزواج ابني في ماليزيا. لم يكن باستطاعتي الشعور بالسعادة من أجله. أخذت أراقب أفكاري، وفجأة سمعت صوت أبي يتردّد في داخلي: 'نحن مرتاحون في منزلنا'. ظل يكرر هذا الكلام دون توقف، لذلك لم نذهب لحضور الزفاف».

التفكير في امتلاك الحقيقة يمكن أن تمليه أيضًا تلك الأصوات الصغيرة الداخلية التي تشكل «معتقداتنا». هذه ليست المعتقدات ذات الطبيعة الدينية أو الأيديولوجية التي تكون عادة نتيجة اختيار واع. لا، فبعض معتقداتك غير الواعية مشروط منذ الولادة. أنت تتوافق معها مع خطر الخلط بينها وبين الواقع. ومع ذلك، إن تصوُّرك للواقع هو مجرد تصوُّر واحد من بين كثير من التصورات الأخرى. وبذلك إنها ليست الحقيقة!

من أين تأتي المعتقدات؟ إنها بكل بساطة مدركات من الوسط الاجتماعي والأسري، ومن الوالدين ومن التمثيلات الأبوية، ومن البيئة...

تشكل المعتقدات جزءًا أساسيًا من هويتك. ويستحضر موضوع المعتقدات إلى حد كبير في البرمجة العصبية - اللغوية. وتهدف هذه الطريقة بالأساس إلى مراقبة السلوكيات، وتصنيف الملاحظات، ووضع استراتيجيات لإدارة الصعوبات.

معتقداتك تساعدك على تعريف نفسك وتعريف الآخرين والعالم

يمكن إذًا وضع معتقداتك تحت المراقبة، ما يتيح لك التأكد ما إذا كانت لا تزال مفيدة لك. هناك معتقدات محايدة لا تؤثر أبدًا على الحياة التي نعيشها، في حين تسهم المعتقدات الدينامية وذات الموارد في إقامة توازننا الداخلي. أما المعتقدات المقيِّدة فإنها تحول دون عيشك الحياة بالكامل، وغالبًا ما تكون مصدرًا للتوتر.

تجدون في ما يلي ما يسمى «الموجِّهات». إنها معتقدات تأتي أساسًا من والدينا أو من التمثيلات الأبوية. وكنا بحاجة لهذه المعتقدات كي نبني أنفسنا، ونحن مبرمجون للاستجابة لها.

لكن حان الوقت للتحقق ما إذا كانت هذه الرسائل لا تزال مفيدة لبقائنا.

كونوا على علم بأن اقتلاعها ليس بالأمر السهل دائمًا، لأن دماغنا الهامي الأقدم لا يحب التغيير، كما سبق وذكرنا في الفصل السابق.

- كن مثاليًا: أنت تسعى لتحقيق المثالية وتتوقع من الباقين أن يحذوا حذوك. شعارك: «من الطبيعي، بل من الضروري، أن نبذل ما بوسعنا لتحقيق المثالية في كل الأوقات».

- كن قويًا: أنت في غاية القوة، فلا تفصح عن مشاعرك ولا تظهر آلامك. شعارك: «يجب أن تقاوم وأن تبقى قويًا مهما كانت ظروف الحياة. لا فائدة من الإنصات إلى ذواتنا، والتعبير عن مشاعرنا وحالاتنا المزاجية. هذا حِكر على الضعفاء».

- أسرع: يجب إتمام كل شيء بالوقت الحاضر، الأمور لا تحتمل الانتظار، والخمول مستهجن. لا تضيِّع وقتك... شعارك: «يجب أن تتصرف بسرعة وإتقان، فالوقت من ذهب!»

- اِستمتع: تعتقد أنه عليك الاهتمام بالآخرين، وأن تكون مرحبًا وودودًا وخدومًا. من الواجب التصرف بهذا الأسلوب كي يتقبلنا الآخرون. من الضروري أن نكون محبوبين ومقبولين. شعارك: «من الممكن، بل من المحبَّب أن نجعل الجميع سعداء».

- أُبذل جهدًا: أنت تزيد من تعقيدات حياتك. كل شيء يجب أن يكون صعبًا كي يكون له قيمة. يجب بذل الجهود والتعب. شعارك: «النجاح لا يساوي شيئًا إذا حصلنا عليه بسهولة.

الرسائل المُلزِمة التي تسمى «موجِّهات»، تشبه التعويذات التي تنبعث من الماضي السحيق، وتشجعك على التوافق معها.

تعلم كيف تحدِّد تعليمات الماضي

نصيحة

عش حياتك لا الحياة التي تُفرض عليك. لا تسمح لأي شخص أن يفرض عليك ما هو مفيد لك أو غير مفيد. أنت وحدك تعرف ذلك.

لكن حين يكون محفوفًا بالصعوبات، يصبح أكثر قيمة. النجاح السهل ليس مرادفًا للنجاح».

في التمارين التالية، ستجد جملًا تسمح لك بمقاومة معتقداتك المُقيِّدة.

ماذا عنك؟

هل تدرك أنك تنجز أمورًا معينة لأنها «تنجز دائمًا بهذه الطريقة؟!»

ما هي المهام التي تنجزها في عملك معتقدًا بأنك تحسن التصرف؟

هل طلب منك رب العمل ذلك بوضوح؟

ما هي الرسائل المُقيِّدة التي تدير حياتك؟

تمارين

1

◀ تمرين صعب   🕐 15 دقيقة

أظهر بعض معتقداتك.

بما أن جوهر هذه المعتقدات يتمثل في أنها لاواعية، فليس من السهل تحديدها في سلوكياتك. لهذا الغرض، يوجد تمارين يسهل العثور عليها على الإنترنت. أقترح عليك تدوين بعض الجمل التي تخطر على بالك تلقائيًا عند قراءة الاقتراحات التالية:

● العمل المكتبي:

....

● الأسرة:

....

● الزوجان:

....

● العمل عن بُعد:

....

ماذا يخبرك ذلك عن نفسك؟ هل تعتقد بأن هذه الجمل صادرة عنك حقًا؟ هل تؤمن بذلك فعلًا؟

2

◀ تمرين متوسط الصعوبة   🕐 10 دقائق

اِسأل نفسك الأسئلة الصائبة

خذ الوقت اللازم «للتساؤل» بخصوص واحدة من هذه المعتقدات:

مثال: أعتقد أنه لا يمكنني أبدًا الوصول متأخرًا.

❶ ما الذي يمنعك من التأخر في النوم صباحًا بين الحين والآخر؟

....

....

❷ ما الذي قد يحدث أن وصلت يومًا إلى العمل عند التاسعة عوضًا عن السابعة؟

....

....

❸ ما الذي يدفعك لذلك؟..

....

3

تمرين متوسط الصعوبة · 10 دقائق

الأفكار المخففة للتوتر

يشعر المرء بالحرية عندما يعرف الرسائل التي تزيد من توتره بلا داعٍ. يمكنك تحديدها في سلوكياتك اليومية، ومحاولة التحرر من تلك التي توترك أكثر. للقيام بذلك، من المهم أن ترسل لنفسك رسائل تدعو للتساهل، لا بل أن تكررها على نفسك بانتظام. اكتب أدناه الجمل التي تجعلك تشعر بالراحة، وتحررك، وضعها في أماكن استراتيجية كي تتذكرها.

	أمثلة	الجمل الشخصية المريحة
كن مثاليًا	لدي الحق بألا أكون مثاليًا، وأستطيع ارتكاب الأخطاء.	
كن قويًا	لدي الحق بالراحة وباختبار مشاعري والتعبير عنها، وأن أظهر بأني حساس...	
أسرع	لدي الحق بأخذ ما يكفيني من الوقت، وأن أستفيد من كل لحظة.	
اِستمتع	لدي الحق بأن أعطي الأولوية لمتعتي الشخصية، وأنا محترم، وأفضل صديق لي هو ...	
أُبذل جهدًا	لدي الحق بالعمل وكسب المال دون بذل مجهود هائل.	

مفتاحك

للاسترخاء السريع

• • • • • • •

ما هي الطريقة التي يمكن أن نتعلمها كي نكون أكثر استرخاء؟ بفضل تدريب شولتز الذاتي، يمكنك «إعادة التحكم» بمفتاحك الخاص، واغمر نفسك تلقائيًا بحالة من الاسترخاء الشامل.

مثال

قد ترى في عملك أشخاصًا في غاية الاسترخاء، يبدو كأنهم يجسدون التوازن بين الجسد والفكر. تحيِّرنا قدرتهم على السيطرة على كل الظروف بهدوء. فما سرهم يا ترى؟ ربما يتدربون على ممارسات تحفز الهدوء مثل اليوغا أو التأمل أو التاي-تشي أو كي غونغ. هل سبق لك أن سمعت بتدريب شولتز للاسترخاء الذاتي؟ الدكتور «جوهانس هنريتش شولتز» طبيب الأعصاب، والطبيب النفسي مولود في ولاية ساكسونيا السفلى الألمانية، ابتكر في عام 1905 «طريقة الاسترخاء بالتحفيز الذاتي المركز». تعتبر هذه الطريقة المبتكرة للتكييف الذاتي، والتي طواها النسيان إلى حد ما، جديرة بالاهتمام، وقد حان الوقت الآن لاستكشافها!

طبيب «هنري بون»

«يشدد مصطلح 'التدريب الذاتي' والذي يسمى 'التدريب الشخصي المنظم ذاتيًا' على المسؤولية الشخصية لمن يمارسه. يحث على الاستيقاظ الهادئ من خلال إدراك الأحاسيس التي نعيشها تلقائيًا، وبالتالي استعادة التوازن العصبي الأمثل».

تحدثنا في الفصل السابق عن التكيفات المشروطة والمبنية خلال الطفولة. إن كان من المفيد لك التعرف عليها كي تتمكن من التحرر منها، فمن الجيد أيضًا تطوير تكيفات جديدة، إيجابية وصحية ومحفزة للتوازن الداخلي: خاصية الاتزان الداخلي المعروفة.

كان البروفسور «جوهانس هنريتش شولتز» يستخدم التنويم كي يمكِّن مرضاه من الشعور

استعادة الهدوء

بحالة من الهدوء العميق، والاسترخاء المفيد كالنوم. عندما تنام، لا تعي أبدًا هذا الشعور من الراحة التامة. بفضل شولتز يعيش المرضى هذا الهدوء الداخلي العظيم من خلال وضعهم في حالة ما بين اليقظة والنوم. كان يبحث عن قطع الاتصال الذي يميز الحالة التنويمية. من خلال سؤال مرضاه عن المشاعر التي انتابتهم خلال التنويم، وجد بأنهم تذكروا بشكل ثابت مشاعر مشتركة. بناء على هذه المعلومات، طوَّر تمرينًا من خلال سلسلة من «الصيغ» للتدرب عليها بانتظام، وتعلم كيفية الغوص بسرعة إلى مستوى قريب جدًا من النوم، ما يمكنهم من الشعور بالسكينة العميقة.

تدريب الاسترخاء الذاتي الذي ابتكره «جوهانس هنريتش شولتز» يستحق اسمه بحق: إنه تمرين، ومن الضروري تعويد وتدريب دماغك على الصيغ دون توقع أي نتيجة، تاركًا الوظيفة الداخلية التي يتعين عليه إنجازها.

خذ وضعية مريحة، جالسًا أو ممددًا، وأغلق عينيك. ثم قل لنفسك الصيغة المقصودة التالية: «أنا في غاية الهدوء». هذه الجملة تعبر عن القصد. يمكن أيضًا

قل لنفسك: «أنا في غاية الهدوء». هذه الفكرة تؤثر تأثيرًا لا واعيًا على سلوكياتك: إنه مبدأ انعكاس الفكرة بالحركة، الذي يحقق النجاح.

كيف تمارس هذه التمارين؟

أن ترتبط بكلمة أو صورة يكون لها معنى الهدوء. لا يهم الطريقة المعتمدة، بل المهم هو الوضع النفسي الذي ينتج عنها. كل ذلك ما هو سوى منعكس مشروط، تبتكرونه لإطلاق شعور الهدوء.

بعد ذلك، كرر الجمل أو الصيغ التالية: «جسدي ثقيل، جسدي دافئ، تنفسي حرٌّ، قلبي يخفق، ضفيرتي البطنية (شبكة عصبية) دافئة، جبهتي منتعشة».

شيئًا فشيئًا، ستستريح وتشعر بأحاسيس تعكس هذه الحالة من الهدوء. يمكن الاستفادة من هذه الأحاسيس لاحقًا للوصول إلى وضع السكينة بسرعة كبيرة. بالتالي، إن «تدريب الاسترخاء الذاتي» بسيط ومعقد في الوقت ذاته. وينصح بالتمسك به لأنه بمجرد الضغط على زر إعادة التحكم، ستتمكن من الغوص في سكينة مهيبة!

نصيحة

تدرب كل يوم لبضع دقائق وأغمض عينيك. مع كثرة التمرين، ستصبح قادرًا على الوصول إلى حالة السكينة في غضون بضعة ثوان: زر إعادة التحكم!

ماذا عنك؟

ما هي مؤشرات التكيف لديك؟

ما الكلمات والصور التي تثير في نفسك الهدوء؟

متى تنوي تجربة هذه الطريقة؟

زر "إعادة التحكم"

تمارين

1

◀◀ تمرين سهل   ⏱ 5 دقائق

أغمض عينيك 45 ثانية

أنصت لجميع حواسك: البصر، السمع، اللمس، الشم، الذوق. وأنصت لإدراكك الحسي أيضًا، وهو شعورك بجسدك في الزمان والمكان، وأنصت للإحساس بدرجة حرارة جسدك. في هذا التمرين، ينبغي الاستماع لكل الأحاسيس، واستقبالها ببساطة. بعد ذلك، قم بتدوين ما شعرت به على ورقة. هذه هي القاعدة الأساس لتدريب الاسترخاء الذاتي، والذي يقضي بإنشاء استجابة تلقائية، وخلق علاقة اتصال مع ذاتك.

2

◀◀ تمرين سهل
⏱ 3 دقائق يوميًا
لمدة 15 يومًا

اِضبط زر «إعادة التحكم»

أغمض عينيك وقل لنفسك «أنا في غاية الهدوء». راقب ما يحدث داخلك: الأحاسيس التي يولدها التمرين السابق كذلك الأفكار والصور والكلمة أو الجملة التي تولد لديك الشعور بالسكينة. مع الاستمرار بممارسة هذا التمرين، ستتمكن من إتقان الغوص بين اليقظة والنوم.

إن إتقان هذا التكيف سيمهد لك الطريق لممارسته في كل مكان ومهما كانت الظروف.

3

◀◀ تمرين صعب   ⏱ 5 دقائق

تمرين الألوان

أغمض عينيك واختر كلمتك أو جملتك، التي تتيح لك الغوص بين الاستيقاظ والنوم. فكِّر بلون ما. تنبه لكل ما يمثله لك هذا اللون. خلال الدقائق القليلة التي يستغرقها هذا التمرين، استقبل كل الأحاسيس والأفكار التي يقدمها لك هذا اللون تلقائيًا دون إشراك عقلك. حافظ على هذا اللون طيلة وقت التمرين. تسمح لك هذه التمارين بتعميق غوصك بين النوم واليقظة، وتحسين زر «إعادة التحكم»!

تحرَّر من

الافتراضات والظنون!

«كل الحزن والدراما التي واجهتها في حياتك ناتجة عن عادة طرح الافتراضات، والتفكير بمقاصد ونوايا الآخرين، واعتبار الأمور موجَّهة ضدك شخصيًا».

دون ميغيل رويز

مثال

تأخرت على الموعد، مع أنك كنت تتوقع الوصول في الوقت المحدد. المطر يهطل بغزارة والزحام لا يطاق! بدأت تتخيل كلمات اللوم والعتب التي ستصدر عن الشخص الذي تنوي مقابلته؛ مستوى التوتر يزيد لديك. الأفكار تتخبط في رأسك. تغوص بهذا الاجترار الفكري تمامًا. تلوم نفسك: «كان يجب أن ...»، «كان بإمكاني...». كل هذه الأفكار تمتص طاقتك. تصل أخيرًا ولكن بأي حال؟ هل تعرف نفسك وأنت في هذا الموقف؟ ربما حان الوقت لاستكشاف توافقات «تولتِك»، فاعتمادها يساعدك في تبني انفعالات أكثر هدوءًا.

ما هي بالضبط التوافقات المشهورة التي أوصى بها «دون ميغيل رويـز»؟ كانت والدة وجدُّ هذا الكاتب المكسيكي المــولــود فـي عـام 1952 معالجين يتبعان تعاليم ثقافة «تولتِك» المكسيكية القديمة.

كان من المفروض أن يحذو ميغيل حذوهما، لكنه فضل الالتحاق بالجامعة. أثناء دراسته ليصبح طبيبًا، اكتشف أن العديد من المرضى يشكون من أمراض نفسية أكثر منها جسدية، ووجَّه اهتمامه للفكر الإنساني. وقعت له يومًا حادثة، واجه خلالها توقفًا كاملًا لحواره الداخلي، واكتشف بأنه يستطيع السيطرة على أفكاره كما لو أنه في حلم يقظة. هذا بالتحديد ما ألهمه لوضع كتبه: توافقات «تولتِك» الأربعة، طريق الحرية الشخصية، ثم توافق «تولتِك» الخامس وهو طريق ضبط النفس.

> مختصة في الـ«سوفرولوجيا»
> «ماري»
>
> «لقد كان التعرف على هذه التوافقات وتطبيقها اكتشافًا حقيقيًا بالنسبة لي. لم أكتف باعتماد التوافقات الخمسة التي أوصى بها «دون ميغيل رويز»، بل ابتكرت ثلاثة توافقات إضافية سميتها «توافقات ماريتِك»! أحاول أن أبقيها حاضرة في رأسي دومًا، وهذا ما يساعدني في حياتي اليومية. يا له من أمر سحري، ساعدني لأكون أكثر استرخاءً وهدوءًا، وأكون أنا نفسي بالكامل».

توافقات «تولتِك» الخمسة

❶ «ليكن كلامك بلا عيوب!»

❷ «مهما حصل، لا تجعل المسألة شخصية!»

❸ «لا تطرح الافتراضات!»

❹ «ابذل كل ما بوسعك دومًا!»

❺ «كن متشككًا، لكن تعلم الإنصات!» إنه التوافق الخامس.

منذ تلك اللحظة، عند مواجهة وضع مماثل لما ذكرناه في المثال أعلاه، يمكنك القول لنفسك: «كُفِّي عن طرح الافتراضات!»

«سأرى ما يحصل عندما أصل» أو «بذلت ما بوسعي: غادرت في الوقت المناسب، ولكني تأخرت بسبب العاصفة والحادثة».

يشير هذا التوافق إلى التواصل عمومًا. يدعوك إلى التحدث مع الآخرين دون الحكم عليهم، كما يدعوك أيضًا إلى التواصل مع نفسك بكل محبة ولطف، عوضًا عن الحكم على نفسك أو انتقادها.

«ليكن كلامك بلا عيوب!»

إِحرص على ألا يكون كلامك الموجَّه لنفسك أو للآخرين سامًا.

يجب ألا يدفعك حكم الآخرين عليك إلى التشكيك بنفسك. أنت تأتي بالنسبة للآخرين في المرتبة الثانية؛ وعلى العكس، ففي حياتك الشخصية أنت تحتل المرتبة الأولى.

مهما حصل، لا تجعل المسألة شخصية

رأي الآخرين بك ليس ضربة قاضية لك! اعتبره طريقة ممتازة لتنظيف قائمة علاقاتك.

من قال إنكم يجب أن تعملوا 10 ساعات في اليوم؟ باتت هذه الفكرة أمرًا تلقائيًا. أصبحتم تتصرفون وتحكمون على أنفسكم بموجب معايير: من الذي طرح هذه المقولة؟ منذ متى؟ لا شك بأن ذلك قد يسمم حياتكم. توقفوا عن التفكير بناءً على الافتراضات وطرح الأسئلة. هذه هي الوسيلة الفضلى للسيطرة على أفكاركم الطاغية عليكم. وسيلة بسيطة وإنما فعالة.

لا تطرح الافتراضات!

قال «دون ميغيل رويز» في إحدى محاضراته: «أسدوا لي خدمة: ساعدوني على تغيير العالم»، ولتحقيق ذلك يجب أن نبدأ بتغيير أنفسنا، بما في ذلك في العمل.

نصيحة

توقف عن التشكيك بنفسك باستمرار: «هل لدي ما يكفي من ذلك أو ذاك؟» فكر بالقط الذي لا يأبه بتاتًا بأن يعرف إذا ما كان كلبًا أو قطًا، إنه هو بكل بساطة... عندها يمكن للسكينة أن تغوص في أعماق نفسك.

ابذل كل ما بوسعك!

إنه التوافق المفضل لدى «دون ميغيل رويز»، حسب قوله، يفتح أمامك المجال للعمل ويخرجك من وضعك النفسي. لكن العمل لا يعني بالضرورة الضغط! ابذلوا ما بوسعكم من جهود، ولكن مع الأخذ بالاعتبار القدرات والوسائل المتاحة لكم.

كن متشككًا، ولكن تعلم الإنصات!

يعرض عليك هذا التوافق استخدام الشك للتفكر مجددًا بكل ما تسمعه، ولإيجاد حقيقتك وعيش خياراتك الشخصية. ثم يقترح عليك الاستماع لحقيقة الآخر، لفهم حياته ومشاعره دون أن تنسى بأن لكل واحد منكما حقيقة خاصة به.

ماذا عنك؟

ما الافتراضات التي تطرحها عن نفسك؟

متى أثنيت على نفسك؟

ما التهنئة التي تقدمها لنفسك فورًا؟

هل تقول لنفسك أحيانًا: «لقد فعلت ما بوسعي؟»

هل تعيش وفق اختياراتك الخاصة؟

توافقات «تولتِك»

1	**ليكن كلامك بلا عيوب!**

مهما حصل، لا تجعل المسألة شخصية **2**

3 **لا تطرح الافتراضات!**

ابذل كل ما بوسعك! **4**

كن متشككًا، ولكن تعلم الإنصات!
التوافق الخامس

تمارين

1

سهل ● 5 دقائق

ليكن كلامك خالٍ من العيوب

إليك بعض الجمل للتدرب على هذا التوافق.

هل تتماشى هذه الجمل مع الكلام الخالي من العيوب؟ ضع إشارة أمام الخانة المناسبة.

		نعم	كلا
1	كل العاملين في قسم المحاسبة لا جدوى منهم.		
2	ستغلق الشركة فرعها مطلع الشهر القادم.		
3	الاستقبال في شركتنا سيء جدًا.		
4	سكرتيرة قسم التسويق غائبة اليوم.		
5	هل تعتقد فعلًا بأني سأصدق ما تقوله لي!		
6	أشعر بأن الموظف الجديد لا يحبني.		
7	أنا راض عنك، ولكن حاول الوصول في الوقت المحدد.		
8	ما كان يجب أن أقول هذا الكلام: "يا لي من غبي!"		

الأجوبة:

1. لا، إنه حكم على الآخرين. 2. نعم هذا واقع (في حال تم التعبير عنه في اجتماع فريق العمل مثلًا). 3. لا، إنه حكم على الآخرين. 4. نعم، هذا واقع. 5. لا، يتضمن كلامًا مبطنًا. 6. لا، إنه افتراض. 7. لا، إنه يتضمن كلامًا مبطنًا، وكلمة «لكن» تخفف أو تلغي ما قيل سابقًا. 8. لا، إنه حكم على الذات.

2

تمرين صعب ● 30 دقيقة

أوقفوا الاغتياب!

قرر الآن، بالتوقف لمدة نصف ساعة عن اغتياب الآخرين، في العمل وخارجه. احرص على التحدث بصيغة «الأنا»، ولا تتحدث سوى عن نفسك وليس عن الآخرين، ولا تذكر سوى وقائع.

3

تمرين صعب · 20 دقيقة

ابذل أقصى قدراتك دومًا

ليس المطلوب أن تتحول إلى رجل خارق أو امرأة خارقة، إنما المطلوب التعرف على إمكانياتك ومعرفة حدودها. لاكتساب هذا المبدأ، قد يكون مهمًا ممارسة التقييم الذاتي. سيكون هذا المبدأ وسيلة لاكتساب العبَر من تجربة ما، لتحسين الذات في حدود الإمكانيات المتاحة.

أعد التفكير بموقف حصل معك أخيرًا، وأجب على الأسئلة التالية:

1. ما الذي يثير شغفي؟

....

2. ما هي خصائصي المميزة ونقاط قوتي في هذا العمل؟

....

3. ما هي المزايا التي أحب أن أكتسبها؟

....

4. ما الذي تعلمته عن نفسي؟

....

5. لو وجدت نفسي بموقف مماثل مجددًا: هل أتصرف بالطريقة ذاتها؟ ما الذي بإمكاني تغييره؟

....

4

تمرين متوسط الصعوبة · 10 دقائق

تفحص الوضع عن بُعد

التوافق الثاني يدعوك إلى الإدراك بأن كلام الآخرين يمثل واقعهم وليس واقعك. لمساعدتك في عدم التأثر ببعض الكلمات والنظر إلى الأمور عن بُعد، إليك هذا التمرين المسلّي.

فكر بموقف عشته منذ فترة غير بعيدة، واجهت خلاله انتقادات جارحة آلمتك، واطرح على نفسك الأسئلة التالية:

1. كيف يفكر رجل الإسكيمو لو كان مكاني؟
2. بعد 15 عامًا من اليوم، هل سأشعر بالمشاعر ذاتها؟
3. ضع نفسك مكان أحد الداعمين لك: ماذا كان سيفعل أو يقول؟
4. راقب كل هذه الأمور كأي مشاهد محايد.

تواصلوا
بدون عنف

● ● ● ● ● ● ●

«يستند التواصل اللاعنفي على ممارسة لغوية تعزز
قدرتنا على الاحتفاظ بمزايا القلب (...). هذا التواصل
ليس بالجديد بل مبادئه معروفة منذ قرون طويلة».
مارشال روزنبرغ

مثال

كيف تتواصل مع زميل يستمع إلى الموسيقى في المكتب، ولا يرى
أبدًا بأنه يسبب لك إزعاجًا، علمًا بأنك تحتاج للهدوء كي تركز على
الملف الذي تعمل عليه؟ كيف تستطيع الاحتفاظ بكامل هدوئك حين يحادث
زميلك زوجته بشأن وضع برنامج للعطلة الأسبوعية؟ كيف تستطيع تقبل ملاحظات
لم ترق لك، وتم التعبير عنها خلال الاجتماع، أو طريقة عمل زميلك أو شكواه التي
لا تفهمها، أو حتى الأمور الصغيرة التافهة مثل التدفئة أو فتح النافذة؟ تمسك
أعصابك كي لا تعنِّف أحدهم، لتفهمه بأنك لم تعد قادرًا على تحمله.

«مارشال روزنبرغ»، وسيط دولي

«مارشال روزنبرغ» (1934-2015)، أب التواصل اللاعنفي، جاب أنحاء العالم بوصفه وسيطًا دوليًا مدافعًا عن السلام. أثبت بأن الحياة قد تكون ممتعة لا بل رائعة، إن عرفنا كيفية الخروج من التصور الثنائي مثل «أكون على حق» أو «أكون على خطأ»، «طبيعي» أو «غير طبيعي»، «جيد» أو «سيء».

«لاحظنا مرات كثيرة أن الأفعال الناشئة عن الرغبة في المعاقبة تولد أعمالًا انتقامية من قبل المعرَّضين للعقاب؛ ولاحظنا من جهة أخرى أن الأفعال الناشئة عن الرغبة في الحفاظ على السلم تولد أعمالًا سلمية. في الحالتين، تنبع هذه الأفعال أصلًا من سلسلة أفعال متواصلة قد تدوم سنوات وأجيال وقرون».

الزرافة وابن آوى

يتبنى مبدأ التواصل اللاعنفي رمز الزرافة بسبب قلبها الكبير، ولأنها تنظر إلى الأمور من مستوى عالٍ، ورمز ابن آوى الذي يهاجم، ويعضُّ، ويعتقد أن الآخرين أشرار، ويتبعون سلوكيات تدعو إلى العنف. أن نكون الزرافة علينا التفكير بأننا نملك اختيار أفعالنا؛ وممارسة هذا النوع من التواصل، يمكننا من اكتشاف موقع للتلاقي، حيث تلبَّى احتياجات الكل ويصبح بالإمكان تبادل الاحترام. لتحقيق هذا الغرض، من الضروري أن تكون قادرًا على المراقبة بدون افتراضات وأحكام مسبقة.

«إن أرقى أشكال الذكاء البشري تتمثل في القدرة على المراقبة الخالية من التقييم»، كلام للفيلسوف الهندي الكبير «جاي كريشنا مورتي» في القرن الماضي. هذا الأمر ليس باليسير. مع ذلك، يطبق في كل مكان، وحتى في العلاقات المهنية. لاستكشاف هذه الطريقة، ينبغي على المرء البدء بنفسه، وتعلم كيفية تحديد مشاعره واحتياجاته.

يعلم مركز التواصل اللاعنفي الناس كيفية تسوية نزاعاتهم الشخصية، وداخل مؤسساتهم، وحتى في السياسية، بطريقة سلمية وفعالة.

يدعونا مبدأ التواصل اللاعنفي لمراقبة أي وضع دون الحكم عليه، ومن ثم تحديد المشاعر حياله، مع ذكر احتياجاتنا أثناء «معاناتنا» كي نتوصل إلى

تحديد طلب واضح. عملية غير بسيطة! نتصف عادة للأسف بالرغبة في طلب ما لا نحتاج إليه، عوضًا عن التعبير عما نريده بالفعل. إذا اعتبرنا أن زميلنا عدوًا لنا، نكون قد وضعنا أنفسنا في حالة من التأويل. لذلك من الضروري أن نتمكن من ذكر أفعال الآخر دون الحكم عليها، ودون تقييم أفكاره، ودون طرح تشخيص لما هو عليه.

نصيحة

ننصح بقراءة التواصل اللاعنفي في العمل، جواز السفر للجمع بين الرفاه والأداء للكاتبة «فرانسواز كيلير» (طبعة، 2013). ومنه يمكن استخلاص وتطبيق ممارسات جديدة من شأنها تحسين مستوى الرفاه في موقع العمل.

بدون أي حكم

تدعونا ممارسة التواصل اللاعنفي إلى وصف وضع ما، كما لو كان سيناريو فيلم سينمائي دون أي تفسير وتأويل. حين ننجح في هذا الأمر، نكون قد اجتزنا مرحلة هامة، إذ أننا لا نستطيع منع أنفسنا من إضافة المؤثرات العاطفية. تتمثل المرحلة الثانية في التعبير عن مشاعرنا بلغة المتكلم من قبيل «أنا مغتاظ»، «أنا متوتر»، «أشعر بالحزن»، ومنع استخدام «عندما...» ولكن مع إضافة التعبير عن حاجة لم تتم تلبيتها عقب وصف المشاعر. أما المرحلة الأخيرة، فهي التعبير عن الطلب. بالعودة إلى المثال السابق، يمكن أن تكون الجملة التعبيرية كما يلي: «حين أسمع موسيقى في المكتب، أصاب بالتوتر، لأني أحتاج إلى الهدوء كي أركز على الملف الطارئ الذي بين يدي. وأطلب إن كان بالإمكان تخفيف صوت الموسيقى». هنا يحين موعد التفاوض!

سيناريو فيلم سينمائي

التواصل يعني «التوصل إلى نقطة مشتركة». عندما تكون في عملك، تذكر دائمًا بأن أداء فريق العمل يكون أفضل حين يسود الفكر التعاوني وتتوفر إرادة العمل سويًا. من المهم التعبير عن نفسك بصدق، واستقبال الآخر بإبداء التعاطف. الإنصات للآخر مع إبداء التعاطف يعني الاستماع إلى قلبه.

تذكر دائمًا، وأنت في عملك، كل ما يمكن أن يجمعك بالزملاء، أي المشروع

التعبير الصادق

المشترك، والتعاون المتبادل بينكم. عبِّر عن الطلبات القابلة للتحقيق، والملموسة والدقيقة والإيجابية، واطلب تأكيدًا بأنها لاقت آذانًا صاغية. في حال كان محدثك غير متقبل للحوار، فما عليك سوى تطبيق توافق «تولتِك» الثاني، وابق متنبهًا لما يولده سلوك أو كلام الآخر لديك، فهذا يجعلك تتعلم أمورًا عن نفسك.

ماذا عنك؟

ما طريقة التواصل التي تعتمدها؟

هل أنت «زرافة» أو «ابن آوى»؟

هل تفكر بطلب ما ترغب به؟

هل أنت قادر على التحدث بصفة المتكلم «أنا» للتعبير عن مشاعرك واحتياجاتك؟

هل تبدو طلباتك أشبه بالمتطلبات؟

التواصل اللاعنفي

1

صِف الوقائع (مثل سيناريو فيلم دون تأويل ودون الحكم عليها)

"عندما أرى بأنك تركت فنجانك على طاولة قاعة الاجتماعات..."

2

حدِّد مشاعرك (التعرف عليها)

"أشعر بأني منزعج..."

3

حدِّد احتياجاتك التي لم تُلبَّ

"لأني أحتاج إلى مكان نظيف للعمل..."

4

عبِّر عن طلب ملموس وإيجابي وقابل للتفاوض

"وأطلب منك أخذ فنجانك عند انتهاء الاجتماع."

تمارين

1

تمرين سهل · 10 دقائق

باشر باكتشاف مشاعرك واحتياجاتك

أجب على الأسئلة التالية بالاستعانة بالجدول:

1. اذكر جملة من المشاعر سيطرت عليك منذ ساعة.

....

....

2. حدِّد الشعور الذي انتابك عند استخدامك عبارة أو كلمة مناسبة تصف حالتك الداخلية.

....

....

3. ضع دائرة حمراء حول احتياجاتك المستوفاة بانتظام.

....

....

4. ضع دائرة زرقاء حول احتياجاتك التي لا تلبَّى.

....

....

5. ما الإجراء الذي يمكنك اتخاذه، كي تبدأ بتلبية احتياجاتك؟

....

....

المشاعر: بعض الأمثلة	
السعادة مرِح، مندهش، هادئ، راضٍ، آمن، في قمة السعادة، فرِح، متحمس، نشيط	الغضب حانق، يشعر بالمرارة، غاضب، ساخط، ثائر، عصبي، متوتر، منهك، حانق، شديد العدوانية
الخوف متوتر، مشوش، جبان، متردد، قلق، حذر، حائر، شديد الحذر، متحفظ، مصعوق	الحزن كئيب، بائس، محبط، تعيس، حزين، سوداوي، وحيد، منفطر القلب، عاجز
الاحتياجات: بعض الأمثلة	
الاستقلالية الثقة بالنفس، الاكتشاف، الحصول على مساحة شخصية، الحرية، التنازل، العفوية	الاحتفال مشاركة الأفراح، مشاركة الأحزان، الاستمتاع بالحياة، الاحتفال بالإنجازات
النزاهة الأصالة، الارتباط بالذات، التوازن، الاستقامة، الهوية، احترام الذات، الصدق	الاتكال المتبادل المحبة، الصداقة، الحب، الانتماء، العطف، الابتكار المشترك، السرية، التعاون، التبادل، التسامح
الموارد الراحة، الهدوء، التوازن، المزاح، الترويح عن النفس، التحفيز، الدعم، التسامح، الشفافية	المقاصد الإنجاز، التلاؤم، التعلم، الهدف، الاتساق، الابتكار، النمو، الغاية، التنفيذ
الاستدامة المأوى، الهواء، الماء، النور، الحركة، المكان، الراحة، الصحة، الأمان المادي	السمو الجمال، التوافق، سمات داخلية، السلام، الوجود، الحكمة، السكينة، الصمت، البساطة

2

⊢ تمرين صعب   ⏱ 20 دقيقة

طريقي نحو التعاطف مع الذات

استعِن بالجدول في التمرين الأول، استرجع بالذاكرة وضعًا معينًا حصل معك، وأدخل في حياتك بعض التعقيدات ثم أتم التوافقات الأربعة:

مثال: عندما قلت لي: «سوف أغيب عن اجتماع فريق العمل»، شعرت أنني مشوشًا، وبحاجة لمعاون مبتكر. في هذه الحالة، أسألك متى يسمح وقتك للاجتماع كي نتمكن من اتخاذ القرار بشأن هذا الموضوع في أقرب وقت.

❶ ملاحظة: عندما...

صف بشكل مقتضب الوقائع. الملاحظة تصف ما يُرى ويُسمع ولا تتضمن أي حكم على الأمور.

❷ استكشاف المشاعر: أشعر...

حدد مشاعرك واستقبلها عندما ترتبط بهذا الموقف. يمكن لأحاسيسك الجسدية أن تعطيك مؤشرات على المشاعر التي تمر بها.

❸ تحديد الاحتياجات غير المحققة في هذا الوضع: إني بحاجة...

ابحث عما تتوق إليه كي تكون حياتك أجمل. يمكن تحديد الاحتياجات غير المحققة التي أوقدت هذه المشاعر.

❹ اقتراح عمل ملموس: سوف...

ما الفعل الذي يمكنك القيام به لتحقيق احتياجاتك، والاهتمام بها ولو جزئيًا؟ من الضروري أن تتحمل مسؤولية احتياجاتك غير المحققة بالسير خطوة أولى واقعية نحو تحقيق راحتك الشخصية. ويحمِّلك هذا الطلب غالبًا مسؤولية القيام بعمل ملموس وإيجابي وقابل للتحقيق آنيًا وللتفاوض بشأنه (خصوصًا في حال التفاعل مع الآخر).

أما الطلب من الآخر فيتطلب بعض مهارات التواصل اللاعنفي، لذلك فكر باتباع تدريب يجعل منك زرافة خارقة!

أخرج
من أجواء الدراما

. . . .

يحب الإنسان اللعب، وللأسف قد تكون بعض هذه
الألعاب شديدة السمِّية.
فلنجرؤ على الابتعاد عن الألعاب النفسية. كيف ذلك؟
بأن نكون واعين ونعرف أنفسنا جيدًا!

مثال

يعمد زميل لك على احتقار كل ما تقوم به. وتعرف بالصدفة أن بعض
ملفاتك قد أخذت منك، دون أن يبلغك أحد بذلك. تسمع انتقادات
كلما وصلت متأخرًا، في حين أنك تبقى حتى ساعة متأخرة في العمل بانتظام،
وأحيانًا من أجل مساعدة الآخرين. يبدو لك بأن ما من شيء إيجابي يحيط بما
تنجزه، لا بل على العكس فإنك تتعرض لتعليقات سلبية إلى حد ما. تشعر بالتوتر
وبانقباض في معدتك عند وصولك إلى العمل صباحًا، وتتقلب شمالًا ويمينًا في
الليل. لديك انطباع بأن العالم كله والأحداث تعاديك، وبأن سوء الحظ يلاحقك. ماذا
لو وقعت في صلب هذه الدراما، رغمًا عنك؟

«آدم» موظف بنك

يبدو أن أحد المتعاونين معك لا يرغب في فهم التعليمات التي تعطيها له. وجهت له ملاحظات لكنك لم تلحظ أي تغيير. ومذاك، بدأت بالضغط عليه. أخضعت عمله ومواعيد عمله ونتائجه للمراقبة الوثيقة؛ وأردته أن يدرك أن احترامك واجب عليه. لم يحصل أي تغيير، ولذلك تعتقد بأنه يقصد إزعاجك. وماذا لو وقعت في صلب هذه الدراما، رغمًا عنك؟

«كان زميلي دائم الشكوى. وبدا لي أنه غارق في العمل، فأخذت جزءًا من ملفاته لأنجزها عنه. غالبًا ما كنت أتأخر في العمل. ذات يوم، اكتشفت بالصدفة بأنه يدير أعماله الشخصية من المكتب. لم أستطع أن أحافظ على رباطة جأشي في اجتماع فريق العمل. كنت شديد الغضب وكُلت له كل الكلمات النابية. فهمت بأنه كان يلعب دور الضحية، وأردت أن أكون المنقذ، ومن ثم أصبحت مضطهِدًا له».

التحليل التصالحي

يوجد في المكتب متدربة تبدو ضائعة تمامًا حيال الطلبات التي يفرضها عليها مديرها. ويبدو أنها تغرق في هذا الضياع أكثر يومًا فأكثر يومًا بعد يوم. تقترح عليها يومًا تناول وجبة الغذاء معك. وتنصحها وتشجعها كي تحدث مديرها عن الوضع. ولأنها كانت في حالة من الإرباك، فإنك تقوم بمساعدتها في عملها. تبادر أيضًا في التحدث مع مديرها المباشر. ماذا لو وقعت في صلب هذه الدراما، رغمًا عنك؟

في خمسينيات القرن الماضي، ونتيجة للتغيرات السلوكية التي لاحظها على مرضاه، ابتكر الطبيب النفسي «إيريك بيرن» نظرية الشخصية والعلاقات الاجتماعية والاتصال. كان هدفه مساعدتهم على التعرف على أنفسهم وفهم طبيعة تبادل العلاقات التي تسمَّى «التصالحات»، ومن هنا ولد التحليل التصالحي.

ما هو المثلث الدرامي؟ طوَّر عالم النفس الأمريكي «ستيفين بي. كاربمان» مبدأ للتحليل التصالحي يتطرق للألعاب النفسية في الاتصال، أي التصالحات المخفية. ويعدُّ مثلث كاربمان نموذجًا للكشف والتحليل يندرج ضمن «عائلة» نظرية «ألعاب المناورات».

المثلث الدرامي

84

تخيل على سبيل المثال مسرحية يؤدي الأدوار فيها ممثلون ينظرون إلى الواقع نظرة مشوَّهة. لكن الأدوار ثابتة وسيقوم كل ممثل بتبني دور يتماشى مع تطوره. ويتم لعب هذه اللعبة بين المعذِّب والمنقذ والضحية ويمكن للممثلين الآخرين تبادل الأدوار.

- لا يعترف المعذِّب بقيمة وكرامة الضحية، بل يحتقرها ويلومها ويفضح عيوبها ويحاضر بالأخلاق. يشعر بالراحة في دور المعذِّب بفضل سلبية الضحية والعلاقات التي تربطه بالمنقذ، ما يسمح له بعدم مواجهة افتقاره للثقة بالنفس.

نحن مبرمجون كي نلعب دورًا تفاضليًا إلى أن نعي ذلك تمامًا. في هذه اللحظة فقط، يمكننا الخلاص.

- الضحية تعتبر نفسها شخص يستحق التحقير أو يحتاج للمساعدة. تميل لتضخيم عيوبها الشخصية وترى نفسها أضعف مما هي عليه. تعتبر بأنها لم ترتكب أي خطأ. إنها راضية عن دورها بفضل علاقة التبعية مع المنقذ.

المعذِّب، والضحية، والمنقِذ

- المنقذ يعتبر أن الضحية لن تستطيع الخروج بنفسها من موقف ما. يود أن يساعد الآخرين دون أن يطلبوا منه المساعدة. يستمد قيمته من السيطرة التي يحظى بها على الضحية، ما يبث في حياته هدفًا ما. ويستحوذ على مكان قرب المعذِّب.

كيف الخلاص؟

بما أن هذه الألعاب غير واعية، فإن الخروج منها مسألة معقدة. إن علقت داخل هذا المثلث، فلديك مصلحة معينة في الإبقاء على هذا الوضع كما هو، مهما كان دورك فيه. لحسن الحظ، قد تكون أدركت ذلك، ما يشكل مرحلة أولى وأساسية للتغيير. ثم ابحث عن رأي خارجي قد يساعدك في توضيح المخاطر ونصيبك من المسؤولية في هذا المثلث.

نصيحة

للخروج من العلاقة المثلثة الدرامية، من الضروري إعادة ارتباط كل طرف فيها باحتياجاته الخاصة، مع ضمان التواصل الواضح بينهم.

ماذا عنك؟

ما الدور الذي وجدت نفسك فيه؟

هل أنت غارق حاليًا في مثلث درامي؟

هل تسارع لمساعدة زميل أو قريب دون أن يطلب منك المساعدة؟

هل أنت في حالة شكوى دائمة؟

هل أنت مستعد للقيام بأي شيء حتى تتقدم في العمل؟

الخروج من المثلث

أتخلص من هذا الدور عندما أعي إحباطاتي الشخصية. وأجد حلولًا لها!

أتخلص من هذا الدور بتقبل فكرة أن الضحايا يملكون الموارد. وأسمح لهم بأن يكونوا مستقلين!

معذِّبة

مُنقِذ

أتخلص من هذا الدور باستبدال الشكاوى بطلبات ملموسة. والحلول موجودة داخلي!

ضحية

تمارين

◄◄ تمرين متوسط   ◷ 15 دقيقة

معذِّب، منقِذ، أو ضحية؟

من يملك هذه التأكيدات؟ ضع في الجدول أدناه الحرف المناسب بجانب كل جملة:

م = مُنقذ، ض = ضحية، ع = معذِّب

ع	ض	م		
			1	لا ألام على ارتكابي الأخطاء، فهذا يحصل للجميع!
			2	إن حصل لك ذلك، فهذا خطؤك بالتأكيد!
			3	أنا نكرة! ومن الطبيعي ألا يلاحظني أحد.
			4	أنا غير قادر على "الرفض".
			5	أشعر باليأس في أغلب الأحيان.
			6	أحتاج إلى الاحترام.
			7	لا يمكنني رفض أي طلب.
			8	بفضلي، صار بحالة أفضل.
			9	هذا الحل معقد ويصعب تنفيذه.
			10	أنا شديد الانشغال، وأشعر بفراغ نفسي!
			11	أنا مضطر للتدخل كي أساعده.
			12	أتدخل حتى وإن لم يطلب مني ذلك.
			13	السخرية والمزاح يساعدان الناس على التقدم.
			14	غالبًا ما أضمِّن كلامي معانٍ مبطنة.
			15	أعلم ما هو مفيد لك.

تمارين

16	بعد كل ما قدمته له، كان الأجدر به أن يكون ممتنًا.			
17	أرى كل شيء أسود، ولا أستطيع أن أقدم أي حل.			
18	لن تستطيع تحقيق هذا الهدف بدوني.			
19	فعل ذلك عن قصد ليزعجني!			
20	لا يمكن الوثوق بأي شخص!			
21	أنت تعرف تمامًا بأنه أذكى مني!			
22	الجميع فاشلون!			
23	يجب أن نعرف كيف نفرض أنفسنا.			
24	لا خيار لدي.			
25	هذا خطئي أيضًا، كنت أعرف ذلك!			
26	لو استمع لي، لحقق النجاح.			
27	يبدو أن أحدًا لا يعرف أني بحاجة للمساعدة.			

الأجوبة:

1. ض؛ 2. ع؛ 3. ض؛ 4. ض؛ 5. ض؛ 6. ع؛ 7. م؛ 8. م؛ 9. ض؛ 10.م؛ 11.م؛ 12.م؛ 13.ع؛ 14.ع؛ 15.م؛ 16.م؛ 17.ض؛ 18. م؛ 19.ع؛ 20.ع؛ 21.ض؛ 22.ع؛ 23.ع؛ 24. ض؛ 25. ض؛ 26. م؛ 27.ض

2

تمرين صعب · 10 دقائق في اليوم

اخرج الآن من المثلث الدرامي

تكمن الطريقة الوحيدة للتوجه نحو مثلث إيجابي في وعي الدور الذي نقوم به، وأن نملك الإرادة للتخلص منه.

مارس السلوكيات التي تسمح لك بالتخلص من أحد تلك الأدوار الثلاثة. نفذ ذلك ليوم واحد في البداية، ودوِّن في كتيِّب صغير كل الإنجازات المحققة.

- هل تميل إلى أن تكون **معذِّبًا**؟ كلمة السرِّ هنا هي «الإذن»: أن نعطي الإذن لأنفسنا أو للآخرين. ضع قواعد لعب واضحة مرفقة بقيود، وتفويض، وحقوق، وواجبات. يكون القائد قادرًا على اكتشاف الصفات التي يمكن استغلالها عند من يسميهم الضعفاء.
- هل تميل إلى أن تكون **ضحية**؟ فكر بالهشاشة الواعية والإرادية. اذكر بأنك قادر على الخروج من هذا الدور وقدم طلبات واضحة عما تحتاج إليه حين تشعر بالضعف. ما هي الخصائص التي ينبغي تطويرها في هذه العلاقة؟
- هل تميل إلى أن تكون **منقذًا**؟ يمكنك تقديم الدعم للآخرين كما أنك تستطيع طلبه، لا بل حتى تقديمه لنفسك. قبل تقديم أي مساعدة، اطرح على نفسك الأسئلة التالية:

هل قدم المتحدث طلبًا واضحًا لي؟ هل أرغب بالتدخل؟ هل أملك الصفات والوسائل كي أتدخل؟ هل التدخل من مسؤولياتي؟ هل يمكن لصاحب الطلب أن يتحمل جزءًا من المسؤولية؟

دوّن كل إنجازاتك، في هذا المجال.

كتيِّب الإنجازات للخروج من هذا الدور

ألعب غالبًا دور ....

....

....

....

16

البيئة
عامل محدِّد

يعد تنظيم البيئة التي تعيش فيها من مفاتيح للوصول إلى الامتلاء الجسدي والنفسي والفكري.
وتسهم الألوان المستخدمة في تحقيق هذه الراحة، وكذلك طريقة ترتيب الأمكنة، والمواد المعتمدة.

مثال

تشعر فجأة بالرغبة في تغيير موقع مكتبك. ترى يوميًا باقة الورد التي قدمتها لك زميلتك المفضلة في العمل، وقد أضحت جافة داخل المزهرية ويشق عليك كثيرًا رميها. لا تشعر بالراحة في المكتب مساء لأنَّ ظهرك مواجه للباب. لا تخرج من المكتب إلا بعد نفاد طاقتك. ترغب في فتح النافذة المغلقة منذ فترة طويلة بأكوام الملفات المتراكمة أمامها. تكره اللوحة التي جلبها المدير لتزيين المكان. باتت جدران المكتب متسخة. ربما حان الوقت لاستخدام علم «الفينغ شوي».

«الفينغ شوي» هو فن العيش المتوازن مع البيئة المحيطة بنا. معناه «هواء-ماء»، وفي هاتين الكلمتين دلالات كافية. الهواء يشير إلى الحركة والتنفس، في حين تسمح الماء بتنشيط الطاقة في حال وضعت في موقع مناسب. إنها طريقة استخدام قوى الطبيعة، تشبه حكمة معقدة وقديمة تختص بالطاقة في الكون.

«فيرونيك»، أخصائية في «الفينغ شوي»

«يقدم لي «الفينغ شوي» في مكان عملي القدر الهائل من السكينة. وبما أني وضعت طاولة مكتبي في موقع مناسب ووجهته نحو وجهة مناسبة فقد حصلت على قدر من الطاقة. الترتيب المعتمد أساسي. أنا أحب أن أكون على مقعد بمسند مرتفع في العمل، وأقصد بذلك وجود حماية خلفي. يمكنني أن أرى المدخل من مكتبي كي لا يفاجئني قدوم أي عميل، وعندي سلحفاة جميلة أيضًا».

كلنا نتأثر بالتناغم!

إن وصلت صباحًا إلى مكتب تعمُّه الفوضى، فلا شك أن ذلك سيؤثر على مزاجك الذي ينقلب تعيسًا طوال اليوم. وإن عدت إلى المنزل بعد يوم متعب ووجدت بأن زوجتك أو زوجك قد فاجأك بترتيب متقن للمنزل فلا بد أن يزول بعض من تعبك. يتماثل درب «تاو»، وهو المبدأ الأبرز للتناغم، ويتواصل مع الين واليانغ، تمامًا كما القمر والشمس، والأرض والسماء، والمؤنث والمذكر: جميعها أضداد تكمل بعضها بعضًا. أما تناوبها فيضفي على عالمنا وتيرة منتظمة. يشير رمز «الفينغ شوي» إلى ضدين يتعانقان لتشكيل وحدة. هذه القوى تنبئ بالخير إذا كانت في حالة انسجام، وتنبئ بالشر إن كانت في حالة لاتناغم. ويكمن الهدف من «الفينغ شوي» بتحقيق الانسجام بين عناصر الين واليانغ في البيئة، كذلك يرمي إلى قضاء الوقت في «القصور» التي تناسبنا، والتوجه نحو الجهات المناسبة.

تشير مدرسة «با تشاي» التقليدية إلى تسعة قصور أي مواقع داخل المسكن، وتتضمن اللون السائد، أو العنصر، أو الرقم، والطاقات الإيجابية أو السلبية وفقًا لسنة المولد والجندر.

اهتم بموقع عملك كي تتوزع الطاقة في أرجائه. يستند «الفينغ شوي» أساسًا على خمسة عناصر: الماء، الخشب، النار، التربة، المعدن. تفادى الجلوس مسندًا ظهرك إلى باب أو نافذة. يمكن لمقعد بظهر عالٍ أن يساعد في هذا الأمر عند الحاجة، في حين يمكن لمسندي الكرسي أن يضفيا التوازن لجلستك. نظم ملفاتك، وليكن كل ملف في مكانه المناسب. اهتم بنظافة المكان، سواء أرضيته أو خزاناته. احرص على تهوية الغرفة بانتظام، واسمح للهواء بالتدفق فيها. زين الجدران بأسلوب منسجم. ينصح بوضع نبتة جميلة طبيعية وغير ملوَّثة ذات أوراق سميكة ودائرية. اعتن بها جيدًا كي لا تموت، وإن ماتت يجب التخلص منها.

نصيحة

المشاعر بمثابة مؤشرات ينبغي أخذها بالاعتبار. في هذه الحالة، ينبغي الأخذ بالمشاعر الجيدة. احرص على الشعور بالراحة في موقع العمل واستشر مختصًا له خبرة في «الفينغ شوي» التقليدي.

أضف لمسة طبيعية على مكان عملك

المنحنيات مرحب بها

اكتسب معلومات عن رمزية الألوان. عندما يكون المكان مشتركًا بين عدة أشخاص، ضع عناصر تحدد رمزيًا حدود موقعك الخاص. أضف لمسة خاصة صغيرة إلى مكتبك، وضع في المكان شيئًا جديدًا تحبه على وجه التحديد.

ماذا عنك؟

كيف تشعر في موقع عملك؟ هل يوجد فيه نباتات، أزهار غضة، حوض للسمك؟

هل هناك ديكورات ذات انحناءات دائرية؟ ألوان دافئة؟ منحوتات وحجارة؟ أصوات هادئة؟ مرايا وحبات كريستال؟

1

⟷ تمرين متوسط الصعوبة ◷ 10 دقائق

صِلوا الألوان برموزها

تكون الألوان النيِّرة بحسب «الفينغ شوي» من اليانغ غالبًا. وتتوزع الألوان بين الين واليانغ تبعًا لقوتها. مثال: اللون الوردي الفاتح «ين»، أما اللون الوردي الفوشيا فهو «يانغ» بسبب توهجه.

أ. بيج	1. الحزن، الانطواء، الوحدة
ب. أبيض	2. الأناقة، الرقي
ت. أزرق فاتح	3. التردد، الارتياب
ث. أزرق غامق	4. الانطواء، صعوبات التواصل، البداهة، الغريزة
ج. رمادي	5. الحساسية، الاستماع
ح. أصفر	6. التجدد، الهدوء، القوة، العنفوان، الانتعاش (الفاقع: الأسى)
خ. بني	7. الترسيخ (القاتم: البطالة، الملل)
د. أسود	8. الافتقار إلى الدينامية والإبداع
ذ. أسود بزخارف صغيرة	9. أحلام اليقظة، السكون، العودة للأصول (الإكثار منه: الافتقار للثبات، العزلة)
ر. برتقالي	10. رمز الموت في الشرق، الطهارة في الغرب؛ الفراغ، الفضاء الحر، التذبذب
ز. وردي فوشيا	11. البهجة، التحفيز، الرغبة في التقدم، التفوق على الذات، الابتكار، الشغف (الفاقع: العصبية، الإثارة المفرطة)
س. أحمر	12. السعادة، المزاج الجيد، المرح، السرور (القاتم: إرباك)
ش. أخضر	13. التواصل، الرغبة في العمل، والحركة؛ تشجيع التبادلات (الكثير منه: الثرثرة)
ص. بنفسجي	14. الحنان، الأمان (الغامق: السذاجة)

الأجوبة:

أ8، ب 10، ت5، ث4، ج3، ح13، خ7، د1، ذ2، ر12، ز14، س11، ش6، ص9.

2

تمرين متوسط الصعوبة 15 دقيقة

نحو «التنظيف»!

- **المرحلة 1:** بعد قراءة هذا التمرين بكامله، أغمض عينيك وتخيل مكان عملك على شاشة افتراضية، شاشة صغيرة داخل رأسك. حاول تذكر كل التفاصيل. يمكنك المضي قدمًا في أجزائه: المكتب، الزوايا، الخزانة...
- **المرحلة 2:** افتح عينيك وانظر إلى موقع عملك بنظرة متجددة، كأنك تنظر إليه للمرة الأولى. يمكنك التخيل بأنك زائر في مكتبك.
- **المرحلة 3:** دوِّن على ورقة ما ظهر لك خلال هذا التمرين؛ وضع قائمة بالأعمال الواجب القيام بها لتنظيف مكان عملك. إنها فرصة ممتازة لتحديد الأساسيات، والاستحواذ على المكان، وتحقيق الراحة الداخلية.

3

تمرين صعب 20 دقيقة

نظِّف بياناتك

خذ وقتك للتخفيف من ازدحام البيانات عديمة القيمة والمخزنة في هاتفك، وجهازك اللوحي، وحاسوبك، كي تعيد ترتيب ملفاتك. لتحقيق هذا الغرض، قد يكون مفيدًا وضع قائمة تصنف مجالات أنشطتك، كي تتمكن من متابعة كل وثيقة ورسالة إلكترونية بسرعة. يسمح لك هذا العمل باكتساب المزيد من حيز التخزين، وكسب الوقت عند الحاجة لاسترجاع البيانات المفيدة.

17

استعِدْ
دوائر طاقتك...

جلسة صغيرة من الوخز بالإبر دون إبر؟
إنها تقنية يُنصح باستخدامها قدر المستطاع،
وتساعد على التحرر من المشاعر السلبية.

مثال

طلبك المدير إلى مكتبه. تبدأ بتخيل صوته الذي يغضبك، ونظرته الثاقبة، وظهره المستند إلى كرسيه الضخم، وقلم الحبر المتأهب لتدوين بعض الكلمات على ورقة يقدمها لك في كل مرة عند انتهاء المقابلة، كي لا تنسى المطلوب منك. بدأت تشعر بالانزعاج. طاقة سلبية جدًا تجتاح جسدك. تشعر بحالة من الاختناق في منطقة الصدر. لو كنت تعرف تقنية التحرر من المشاعر السلبية لكنت على اطلاع على حلول أكثر بساطة، تمنع هذه الطاقة السلبية وغير المثمرة من السيطرة عليك.

ابتكر المهندس «غاري كريغ» المتخرج من جامعة ستانفورد، تقنية التحرر من المشاعر السلبية عام 1995. تلك الطريقة السريعة للتحرر من العواطف السلبية المكبوتة داخل أجسامنا. منذ ذلك التاريخ، استخدمت هذه التقنية على نطاق واسع بفضل فاعليتها العالية. وسنحت له الفرصة لاختبارها على محاربين قدامى يعانون من متلازمة اضطراب ما بعد الصدمة وجاءت النتائج ممتازة. منذ فترة غير بعيدة، استخدمت هذه الطريقة في هايتي على ضحايا الزلزال عام 2010.

تنشأ المشاعر السلبية المفرطة نتيجة اضطراب نظام الطاقة في أجسادنا. ويتضح أن تلك المشاعر لا بد من عيشها، فهي تمر عبرنا، وتعطينا مؤشرات على احتياجاتنا (شرحنا ذلك في الفصل 14)، لكن المهم أن نتمكن من إزالة كل ما يحول دون شعورنا بالراحة، ويمكننا القيام بذلك فورًا.

تعتمد هذه التقنية على التربيت على نقاط محددة في الجسم مع التلفظ بعبارات شخصية بسيطة. هذا التدليك لمسارات الطاقة يساعد على إعادة تشكيل نظام الطاقة في الجسم برفق. قبل ذلك، من المهم تحديد مستوى هذه المشاعر على سلم من 1 إلى 10. يتمثل الهدف في إعادتها إلى نقطة الصفر مع كل «دورة» من دورات تطبيق التقنية.

تربط هذه الطريقة بين مشاعرنا العالقة من جهة، وبين مشاكلنا الجسدية أو النفسية من جهة أخرى. ونقصد من هذا الكلام السماح لك بممارسة دورة كاملة

مؤسس تقنية التحرر من المشاعر السلبية

«غاري كريغ»

«تنتج معظم مشاكلنا العاطفية والجسدية (كليًا أو جزئيًا) عن حالات سلبية -أو عن تجارب- عشناها ولم نجد حلولًا لها. أغلب تلك الحالات، يمكن معالجتها ببساطة عبر تقنية التحرر من المشاعر السلبية».

تستخدم طريقة الوخز بالإبر، وتقنية التحرر من المشاعر السلبية، وغيرها من المقاربات ذات النوع المحفز للطاقة، ما يشبه الشبكات من خطوط الطول تقسم كامل الجسم، واعتمدت في الطب الصيني منذ أكثر من 5 آلاف عام.

تقنية التحرر من المشاعر السلبية بالأصابع

من تقنية التحرر من المشاعر السلبية «في الوقت المناسب»، أي في الوقت الذي تظهر فيه المشاعر المزعجة.

من المهم في البداية أن نستهدف طبيعة المشكلة الظاهرة التي نرغب في معالجتها. فلنعد إلى مثالنا: قيِّم أولًا مستوى الانزعاج على سلم من 1 إلى 10. ثم ردد ثلاث مرات جملة تشجيعية: «حتى لو كان صوت المدير يثير غضبي، فإني أتقبل نفسي بالكامل»، مع التربيت المستمر على نقطة الكاراتيه، وهي الجزء الجانبي من اليد الذي يستخدم في ضربات الكاراتيه (انظر الرسم ص 99).

دورة تقنية التحرر من المشاعر السلبية

باشر بدورة التدليك بالتربيت بالأصابع التي تتضمن النقاط التالية:

قمة الجمجمة، بداية الحاجب، زاوية العين، تحت العين، تحت الأنف، تحت الذقن، فوق الترقوة، تحت الذراع، مع قول جملة أو كلمة تذكيرية مثل «صوته يثير حنقي»، «إنها تثير حنقي فعلًا»... في الخلاصة ينبغي تحرير كل ما يخطر على بالك بشأن هذا الموضوع المرتبط بشعور الحنق. وتنتهي هذه الدورة من التربيت المرتبطة سلبيًا بما يسبِّب لك الانزعاج. وفور إنهائها، ينبغي عليك أن تتنفس بعمق وتقيِّم مستوى الانزعاج لديك. أعد الكرة مجددًا.

نصيحة للحصول على الراحة سريعًا، قم بالتربيت على نقطة الكاراتيه أو دلك نقطة التقاء عظم الصدر والترقوة والضلع الأول. وكي تحسن تطبيق هذه الدورة، اطلع على الفيديوهات المتوفرة على الموقع الإلكتروني لمؤسس هذه التقنية.

ماذا عنك؟

ما الوضع الذي جعلك تشعر بالتوتر أخيرًا؟

أي طريقة محفزة للطاقة تعرفها؟

ما المضايقات المعتادة في حياتك؟

نقاط الغدة الصعترية والكاراتيه

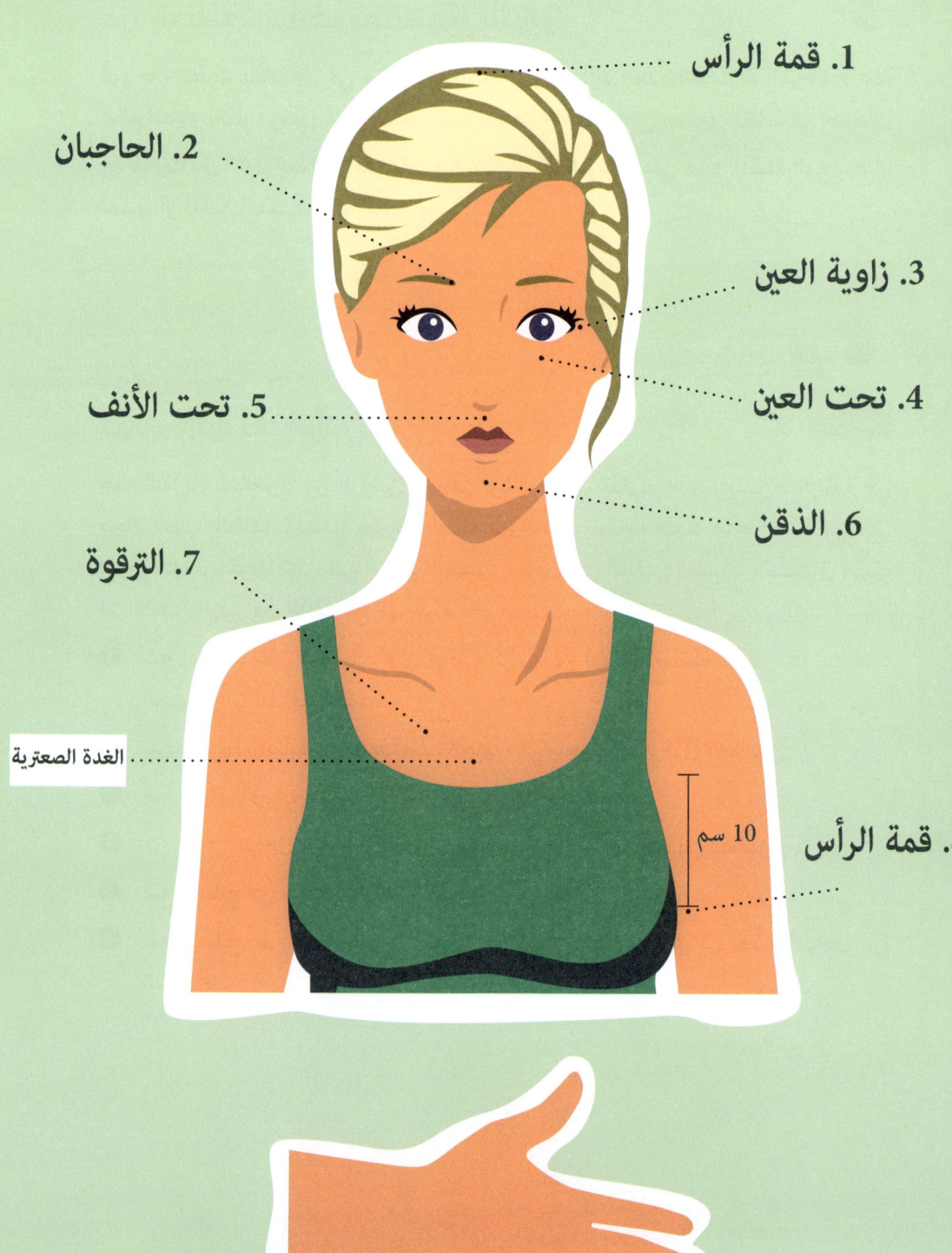

1. قمة الرأس
2. الحاجبان
3. زاوية العين
4. تحت العين
5. تحت الأنف
6. الذقن
7. الترقوة

الغدة الصعترية

10 سم

8. قمة الرأس

نقطة الكاراتيه

1

تمرين سهل · 5 دقائق

عزز الطاقة، وخفِّض مستوى التوتر!

في حال شعرت بانخفاض في مستويات الطاقة لديك، دلِّك الغدة الصعترية الموجودة عند عظم الصدر (انظر الرسم). يرفع تدليك هذه المنطقة لعدة دقائق مستوى الطاقة في جسمك.

إذا شعرت بأن التوتر يجتاحك بانتظام، فما عليك سوى التربيت على هذه النقطة المحددة أو لمسها أو تدليكها باستخدام 4 أصابع يوميًا.

2

تمرين سهل · 3 دقائق

جذب دائرة تاج الرأس

هذا التمرين مستخرج من الروتين المحفز للطاقة الذي ابتكرته «دونا أيدين»، الرائدة في مجال الطب بالطاقة، ويسمح بجريان الطاقة في الرأس. ينصح باعتماد هذه التقنية في حال التوتر النفسي، كونها تؤثر على النظام العصبي. احرص على التنفس العميق، باستنشاق الهواء من الأنف والزفير من الأنف مع كل حركة «جذب».

1. ضع إبهاميك على صدغيك، على جانبي الرأس. دع أطراف أصابعك تلتقي عند منتصف الجبهة، واثنِ أطرافها عموديًا.
2. ببطء اضغط بأصابعك عند منتصف الجبهة، كي يتمدد الجلد فوق الحاجبين.
3. ضع أطراف الأصابع في منتصف الجبهة ومدد الجلد مجددًا.
4. كرر هذه المراحل على كل الجمجمة، كما لو أنك تفصل الرأس إلى نصفين.
5. ضع الأصابع في منتصف الرأس، واضغط ثم أبعد اليدين الواحدة عن الأخرى.
6. ضع الأصابع على الجزء الخلفي من الرأس، ومدد الجلد مجددًا. كرر هذه المراحل مرة على الأقل.

18

اضحك وابتسم،
حتى في العمل!

«حين تضحك تتغير؛ وحين تتغير، يتغير العالم من حولك»، د.مادان كاتاريا.
أسس هذا الطبيب الهندي ناد للضحك في مدينته لاختبار فوائد الضحك، وهكذا ولدت «يوغا الضحك»!

مثال

هل تذكر متى ضحكت آخر مرة من القلب؟ أو لحظة قلت فيها لنفسك: «ياه، ذلك يبعث على الراحة!» الضحك له فوائد كبيرة للصحة، يتيح خفض التوتر، بل يقضي على كل التوتر الجسدي والنفسي والعاطفي. تقص إحدى المشاركات في مجموعة «يوغا الضحك» بأنها واجهت، بعد انتهاء جلسة من الجلسات، مشكلة على الطريق. وتنبهت إلى أن ردة فعلها كانت أكثر هدوءًا من العادة؛ إذ كانت السلوكيات الوقحة لبعض المشاة تثير غضبها إلى حدٍّ كبير. تفاجأت من ردة فعلها، واكتشف أن الجلسة «يوغا الضحك» كان لها تأثيرًا أكبر مما كانت تعتقد على توازنها الداخلي.

الضحك فعل طبيعي يسهم في دفع الزفير خارجًا بعد الحركة البسيطة للرئتين. لذلك اِضحك، واسمح لنفسك بالقهقهة كي يستعيد الحجاب الحاجز مرونته. إذ يحفز ذلك الدورة الدموية، ويرخي أنسجة عضلاتك المخططة والملساء، ويطلق الهرمونات، لا سيما هرمون السعادة، الأندورفين. هل تتمنى تقليل الطابع الدرامي لأحداث يومك، والترويح عن نفسك؟ فكر في الضحك. إنه يحدُّ من التأثيرات المؤذية للتوتر على الصحة؛ كذلك تبعد الحالة المزاجية السعيدة الهموم والمتاعب اليومية. شارك زملاءك الضحك، أو حثهم على الضحك.

«يعدُّ الضحك منبهًا نفسيًا، إنه نوع من الحواجز الأخلاقية للتفاؤل من شأنه أن يطور القدرة على التفاعل، وإزالة السموم المعنوية والمادية. وعندما نضحك، بعد مرحلة تنبيه مقتضبة، تنطلق مرحلة طويلة ومستمرة في نظير الودي، ويظهر تأثيرها الواضح بانخفاض آثار الإجهاد وأضراره».

الدكتور «هنري روبينشتاين» اختصاصي الفيزيولوجيا العصبية

الأوكسجين للدماغ والجسم

قد تعتقد أن افتعال الضحك أمرًا ليس طبيعيًا؟ المشكلة أننا نميل لأخذ الأمور على محمل الجد أكثر من اللزوم. قد نحتاج إلى دفعة بسيطة كي نستعيد لذة الضحك؛ لكن هذا ليس كل شيء. يقول «شارلي شابلين»: «الضحك هو الطريق الأقصر بين شخصين». كم هذا صحيح! فالضحك مع الآخرين يغذي الحاجة للاتكال المتبادل، ويولد روابط اجتماعية، ويعزز مشاعر السعادة. عندما تبتسم لشخص ما لا يتحدث لغتك، فذلك يولد علاقة مباشرة دون الحاجة لأي كلمة، وبالتالي فإن الضحكة وسيلة حقيقية للتواصل تيسِّر الروابط الاجتماعية.

تجمع نوادي الضحك أو مجموعات «يوغا الضحك» أشخاصًا مع مرشد كي يضحكوا دون الحاجة لسبب. في البداية، طلب مؤسس «يوغا الضحك» من الراغبين بالمشاركة في هذه التجربة مقابلته في منتزه، وحققت التجربة نجاحًا كبيرًا. يمكن للاجتماعات أن تجري في مكان عام، أو في قاعة، أو حتى داخل مؤسسة أو مدرسة. وتتسم التمارين المقترحة ببساطتها وسهولة إتاحتها للجميع.

قد يتخلل كل تمرين جزءًا من محاكاة الأصوات أثناء التصفيق باليدين. يتبادل المشاركون الكلام بلغة غير مفهومة يقصد منها التحرر من الضغط الفكري. بعد فترة من التحمية، تبدأ التمرينات: حركات الرأس مصحوبة بأصوات، أنفاس عميقة، حركات إمالة للجزء العلوي من الجسم مصاحبة بأصوات وضحكات، وتمارين تمدد، ثم تبادل التحيات بين المشاركين.

بعد ذلك، تبدأ تجربة أشكال مختلفة من الضحك: الضحك بالسر، الضحك بصوت عال، ضحك التقدير، الضحك التدريجي، الضحك بصوت خافت، الضحك بفم مفتوح أو مغلق... تستخدم كل التقنيات لإطلاق الضحك.

«ها ها... هو هو!»

إن تحفيز الضحك في نوادي الضحك لا علاقة له بالأحكام المسبقة، والسخرية، والمزاح، والخبث. شيئًا فشيئًا، يمكن أن يصبح الضحك موقفًا أو أسلوبًا، بل فلسفة حياتية.

قد لا تقفز من الفرح عند التفكير بالانخراط في «يوغا الضحك»... اِعرف أن مجرد ابتسامة بسيطة تحرر قدرًا كافيًا من الأندورفين. من الأسهل لنا أن نبتسم لوحدنا أو لشخص ما، بدلًا من القهقهة.

الضحك أو الابتسام؟

فكر بالابتسام لكل ما يظهر أمامك؛ أمر بسيط ورصين، يمكن أن يكون له تأثير حقيقي على مستويات التوتر التي تعاني منها. مارس فن الابتسام في كل الأوقات، وابدأ بتطبيقه عندما تكون وحدك، أمام المرآة، كتدريب لك. بعد ذلك، ستصبح هذه الممارسة أمرًا طبيعيًا. يا له من تدريب لطيف على السعادة!

اليوم العالمي للضحك موجود منذ عام 1995 ويصادف يوم الأحد الأول من شهر مايو. يأمل مخترع هذه اليوغا في تحقيق السلام العالمي من خلال الضحك.

نصيحة

يوجد موانع تحول دون ممارسة يوغا الضحك بانتظام؛ فالمشورة الطبية ضرورية لمن هم في مرحلة النقاهة، أو مرضى القلب، أو الاكتئاب، أو كبار السن، أو النساء الحوامل. ينبغي الاستعلام.

ماذا عنك؟

متى كانت آخر مرة ضحكت فيها من قلبك؟

ما رأيك بتجربة الضحك الجماعي؟

هل لديك زملاء يمكن أن يتحمسوا لتجربة يوغا الضحك؟

هل لديك زملاء لديهم ضحكات مُعدية؟

الضحك

دقيقة واحدة من الضحك توازي 30 دقيقة من الاسترخاء

15 دقيقة من الضحك توازي 40 دقيقة من الركض

عام 1939، كان الفرنسيون يضحكون 20 دقيقة بالمتوسط في اليوم

عام 1983، انخفض هذا المتوسط بنسبة 50٪

عام 2014، بلغ المتوسط 5 دقائق على الأقل في اليوم

1939
20 دقيقة/اليوم

1983
10 دقائق/اليوم

1940
5 دقائق/اليوم

يوجد حاليا أكثر من 5 آلاف نادٍ لـ«يوغا الضحك» في أنحاء العالم

أعلى ممارسة لـ«يوغا الضحك» في **الهند**

تمارين

◀ تمرين سهل ⏱ دقيقة واحدة

خطة العمل: اِضحك

ابتسم لمدة دقيقة وتخيل نفسك تبتسم بسعادة وبلا سبب ... ستشعر بالرغبة في الضحك وعندها ستبدأ بالضحك. انتبه لكل ما يجري في جسمك، إذ أنك ستشعر بالتأثيرات الجسدية للضحك على عضلاتك وعلى تنفسك.

◀ تمرين سهل ⏱ 3 دقائق

أمام المرآة

قف في الصباح أمام المرآة وقُم بحركات مختلفة بوجهك باستخدام يديك. انظر مباشرة في عينيك، ومد لسانك وكن على وعي بما تقوم به، وأطلق ضحكة صباحية مُعدية...

◀ تمرين متوسط الصعوبة
⏱ 5 دقائق في اليوم لمدة أسبوع

أعد صِلاتك بالطفل داخلك

اقترح على زميل لك تربطك به علاقة مميزة أن يحييك كل صباح بطريقة غير اعتيادية وغريبة لمدة أسبوع. ذلك من شأنه أن يضعك في مزاج جيد طوال اليوم، وستلاحظ تغيرًا إيجابيًا في مزاجك يومًا بعد يوم. اسمح لنفسك باللعب، وإعادة الارتباط بالسعادة، وتحرير المشاعر المكبوتة والقيود النفسية.

تناغم
وإيقاعات

• • • • • • • •

تتبع الطبيعة إيقاعاتها الخاصة: إيقاع الكواكب، إيقاع الفصول، إيقاع الليل والنهار. نحن لدينا إيقاعاتنا الخاصة أيضًا: إيقاع القلب، إيقاع التنفس، إيقاع النوم والاستيقاظ، لكن ألا نميل إلى تناسيها؟

مثال

تصل مبكرًا وتغادر متأخرًا. لا تخصص وقتًا لوجبة الغداء بانتظام. تبقى متصلًا بالشبكة العنكبوتية إلى حد الإفراط، وتتابع بريدك الإلكتروني حتى في عطلة نهاية الأسبوع، خوفًا من تلقي رسائل تذكيرية من زملاء لجوجين. حياتك المهنية تفرض نفسها على حياتك الخاصة. لذلك تجد نفسك دائمًا تحت الضغوط النفسية، وتعاني من الأرق والتوتر الدائمين، ما يسبب لك انقباضًا في المعدة. تعود أدراجك للتأكد بأنك أغلقت باب المنزل أو السيارة. وتيرة حياتك محمومة. هل تعتقد فعلًا أنك ستتمكن من الاستمرار طويلًا على هذا المنوال؟

كما ذكرنا سابقًا، يسهم تحريك الجسم بشكل متوافق في تعزيز التوازن، ولكن ماذا عن إيقاعاتك؟ لقد أصبحت تعرف الآن أن باستطاعتك التأثير على إيقاع قلبك، وبأنه من المفيد استرجاع صحتك حين تتمكن من التحكم بمستويات توترك.

في فصل الربيع، كل شيء يتفتح، ويصير في طور التكوين. ثم يأتي فصل الصيف، فصل الفقس والحصاد. يتبعه فصل الخريف، وفي أواخره نهاية الحصاد وقطف بعض الفاكهة التي استغرقت وقتًا أطول كي تنضج. أخيرًا، يأتي فصل الشتاء، تستريح الطبيعة، وتتحضر لدورة جديدة. هل تدير مشروعًا ضخمًا؟ فكر في المرور بفترتي الخريف والشتاء، وحضر لبقية مشروعك خلال هاتين الفترتين. من الطبيعي ألا نكون في وضعنا المثالي في كل الأوقات. هذا ما تعلمنا إياه الطبيعة!

يحتاج الجسم للراحة بعد التعب. ومثلما يعقب النهار الليل، تحتاج للراحة بعد فترة من العمل النشط. هذا هو الإيقاع الاستيقاظ/النوم الذي يمتد 24 ساعة. يسمى ذلك الإيقاع البيولوجي أو الساعة البيولوجية. ويحتاج جسدك للتكيف مع هذه الدورة ليلًا ونهارًا.

يمكن لعدة عناصر التأثير على الساعة الداخلية: درجة الحرارة، التمارين الرياضية، وخصوصًا الضوء. تتلقى شبكية العين الضوء لإعادة تكييف الجسم على مدار 24 ساعة. هل تود معرفة المزيد عن النوم؟ تصفح

طبيب الغدد الصماء الدكتور "آلان راينبرغ"

«لكثرة ما نود السيطرة على بيئتنا، لم نعد نعيش في ظروف طبيعية. لا نعرف حتى موعد شروق الشمس! في المساء، نغرق في الإضاءة الاصطناعية والشاشات المختلفة وننسى حاجتنا للنوم. المشكلة تكمن في أن الناس باتوا يتخلون عن جزء من ساعات نومهم. ويمكن للنتائج أن تكون كارثية!»

راقب إيقاعات الطبيعة

يحفز الضوء (LED ذو صمام ثنائي باعث الضوء) الأزرق المنبعث من الشاشات، شبكية العين، ويؤخر نومك ساعتين.

كتاب «باتريك لوساج» كي تحصل على نصائح مفيدة عن استعادة النوم المريح.

تدعوك ساعتك البيولوجية إلى الاستماع لنفسك، والبقاء متصلًا باحتياجاتك. الأمر ليس بهذه البساطة! إن كان هذا الكتاب بين يديك، فلأنك تبحث عن السبل الكفيلة بجعلك أكثر استرخاءً وأقل توترًا. كيف السبيل لذلك؟ أقم توازنًا بين كل جوانب حياتك مع احترام إيقاعك.

> **نصيحة**
>
> لضبط الساعة البيولوجية تمامًا، مارس التمارين الرياضية مدة ١٥ دقائق في اليوم، أو ساعة ٣ مرات في الأسبوع، وامش ٣٠ دقيقة في اليوم، وتعرّض للنور الطبيعي.

استرجع الإيقاع الصحي

إن كان مسارك المهني هو المجال الوحيد الذي تجد فيه معنى لحياتك، فماذا سيحصل إذا خسرت عملك؟ لذلك من الضروري إيجاد التوازن بين حياتك المهنية وحياتك الشخصية. إن الإفراط في الاستثمار في الحياة المهنية محفوف بالمخاطر. في الواقع، إذا كانت حياتك المهنية المعرِّف الأساسي لحياتك، فإنك تبني توقعات خاطئة دون طائل، بانتظار اعتراف رب العمل بمجهودك، وإبداء الامتنان لك ذات يوم.

التوازن بين الحياة المهنية والحياة الشخصية

إن كان عملك وحده يعطي المعنى لحياتك ويُعرِّف عنك، وإن كان احترامك لنفسك مرتبط بهذه الوظيفة فقط، فأنت تخاطر كثيرًا. لماذا؟ لأنك ستشعر أنه لا غنى عنك، وتظن بأن العمل لن يُنجز بدونك. طريقة التفكير هذه تضعك في موقع المنقِذ، مع ما يعنيه ذلك من اختلال في التوازن لك ولمحيطك.

> **نصيحة**
>
> يخضع انتباهك للإيقاعات أيضًا. فبعد ساعتين من التركيز المتواصل، تلاحظ بأن نشاطك قد خف. احرص على أخذ استراحات منتظمة؛ وبما أنك تعلم مدى الأذى المتأتي عن البقاء جالسًا، فعليك أن تسير بضع خطوات، ومن ثم تعود إلى العمل بانتباه متجدد.

فكر بتوازن الطبيعة، فكل شيء يساهم في

حفظه: إنها كل وأنت جزء من هذا الكل. اتبع إذن الإيقاعات الجيدة، واسترجع التوازن المنسجم بين كل جوانب حياتك.

ماذا عنك؟

هل تعرف أن جسمك يحتاج منك أن تحترم إيقاعه؟

في أي ساعة تستيقظ تلقائيًا؟

كيف توازن بين حياتك المهنية وحياتك الشخصية؟

هل تعتقد أن وجودك ضروري في العمل، في منزلك، أو ضمن الفريق؟

التناغم والإيقاع

تواتر يومي (فترة 24 ساعة تقريبًا)

تناوب الاستيقاظ والنوم، درجة الحرارة المركزية، الأيض الأساسي

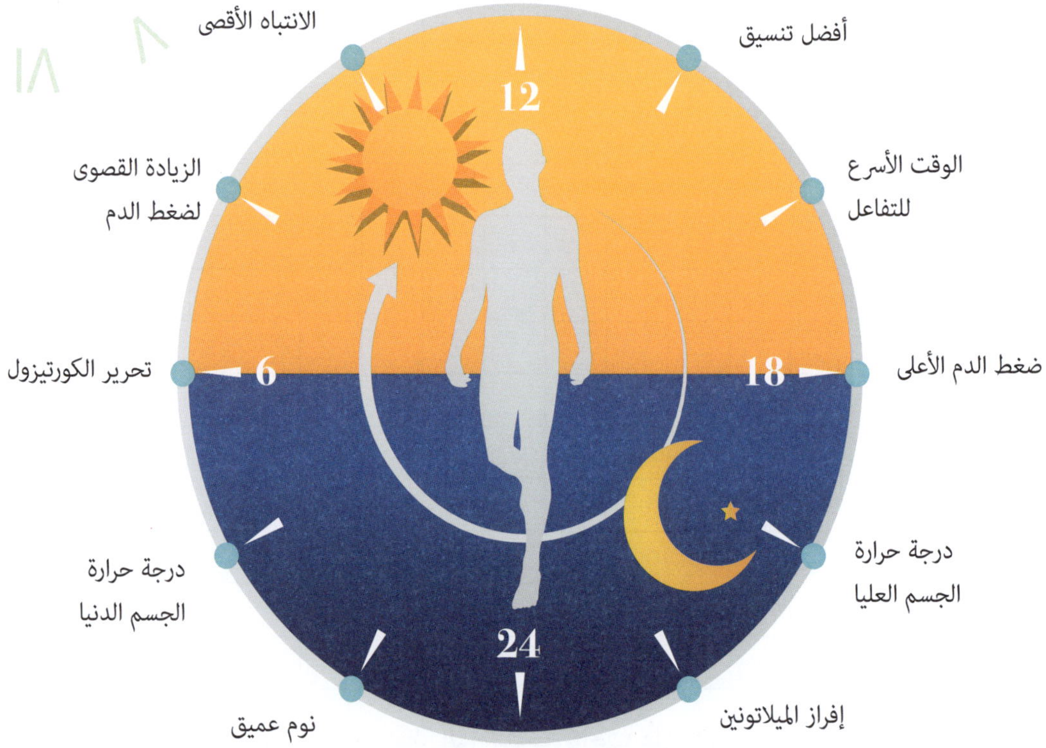

أفضل تنسيق
الانتباه الأقصى
12
الوقت الأسرع للتفاعل
الزيادة القصوى لضغط الدم
ضغط الدم الأعلى
18
6
تحرير الكورتيزول
درجة حرارة الجسم العليا
درجة حرارة الجسم الدنيا
24
إفراز الميلاتونين
نوم عميق

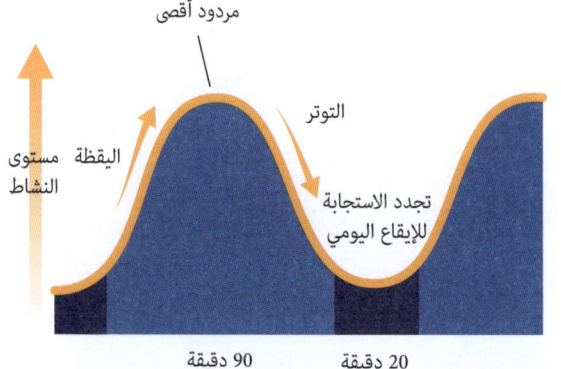

الإيقاع متعدد الأيام (فترة أكثر من 24 ساعة)

الحيض، الولادة

الإيقاع متعدد الأيام: الأسبوع، الشهر، السنة

التغيرات السنوية
تحفيز
توازن التقويم:
7 أسابيع عمل / أسبوعان من الراحة
الأخذ بالاعتبار
يوم عطلة: إعياء زائد
الشتاء: انخفاض في المقاومة الجسدية والذهنية
التغيرات الأسبوعية
تيقظ
الثلاثاء، الأربعاء، الخميس
تيقظ ضعيف
الاثنين: انعدام التزامن بعد عطلة نهاية الأسبوع
الجمعة: تعب متراكم

الإيقاع اليومي (فترة أقل من 24 ساعة)

يحدث نوم حركة العين السريعة كل 90 دقيقة عند البشر

مردود أقصى
التوتر
اليقظة
مستوى النشاط
تجدد الاستجابة للإيقاع اليومي
90 دقيقة
20 دقيقة

تمارين

1

تمرين متوسط الصعوبة 10 دقائق

أقم توازنًا بين العمل والترفيه

قيِّم مختلف الميادين في حياتك.

ضع إشارة في كل خانة مرتبطة بميدان من ميادين حياتك، وفقًا لدرجة استثمارك فيها.

	0	1	2	3	4	5	6	7	8	9	10
العمل											
المسار المهني											
المال											
الصحة											
المظهر											
الأصدقاء											
الأسرة											
الحب											
الحياة الزوجية											
التطور الشخصي											
الترفيه											
المنزل											

بعد استطلاع كل ميادين حياتك، انظر إلى النتيجة، وأجِب على الأسئلة التالية:

- ما هما الميدانان اللذان حصلا على أكبر قدر من اهتمامك؟

1. ....

....

2. ....

....

- ما هما الميدانان اللذان حصلا على أقل قدر من اهتمامك؟

1. ....

....

2. ....

....

2

تمرين متوسط الصعوبة ⏲ 10 دقائق

عصف ذهني: بعض الأفكار العشوائية!

بعد التمرين السابق، ما هو الميدان الذي قررت أن تهتم به إلى حد كبير، وما هي الأعمال التي ستنفذها لتحقيق هذا الهدف؟

دوِّن أفكارك عن الأعمال التي تود القيام بها للاستثمار أكثر في الميدان المختار:

1. أفعال يومية: بعض الأفكار ....

....

2. أفعال شهرية: بعض الأفكار ....

....

3. أفعال سنوية: بعض الأفكار ....

....

3

تمرين سهل ⏲ 5 دقائق

خطتي للعمل

راجع الأفكار في التمرين الثاني، وركز على تلك التي تبدو مناسبة وقابلة للتحقيق، ودوِّنها أدناه.

- غدًا أو بعد غد، سوف ....

....

- هذا الأسبوع، سوف..

....

- عند نهاية الشهر، سوف..

....

حسن اختيار
الغذاء

• • • • • • • •

«ليكن طعامك دواءك الوحيد!» أبقراط (القرن الرابع ق.م)، القانون 13. نعم، لتكن مسترخيًا تناول الغذاء الجيد والسوائل المناسبة...

مثال

رنَّ جرس المنبه، حان الوقت... آه لا!... استيقظت متأخرًا عشر دقائق. الوقت محسوب كالعادة. تشرب القهوة بسرعة، وتخرج على عجل. لا وقت لديك لتناول إفطارك، تفكر بالمخبز القريب من مقر عملك. قد يسمح لك الوقت بشراء ما يمكنك قضمه. يا له من خطأ! إنها طريقة سيئة لبدء يومك. تناول قطعة كرواسان بين الحين والآخر، لم لا؟ ولكن ليس كل يوم. الكرواسان غني بالدهون ويؤذي النظام القلبي الوعائي. وقتك لا يسمح؟ فقط تذكر أن حياتك على المحك! لذا خذ الوقت الكافي لتناول طعام صحي!

«كاثرين كلايس» مدربة التغذية

«اكتشفت العلاج بالغذاء لأن التعب والإجهاد كانا مصدر قلق لي شخصيًا. ساعدني العلاج بالغذاء على محاربة هذه التأثيرات السلبية تمامًا، وسمح لي أن أشعر مجددًا باللياقة العالية وبالطاقة الكاملة اليوم».

اختياراتك الغذائية تؤثر على صحتك. في خضم انشغالاتك، والقيود التي تواجهك، والأهداف التي تود تحقيقها، هل تعير أهمية فعلية لكمية ونوعية ما تأكله؟ إن أضفت إلى ذلك، قضاء أغلب وقتك أمام شاشة الحاسوب، وعدم تخصيص أي وقت لممارسة الرياضة، فأنت بلا شك المرشح المثالي للإصابة بمرض مزمن.

التغذية تشكل جزءًا لا يتجزأ من «العناية بالنفس». إنها أساسية لتوازنك الداخلي. ولكن كيف يمكننا اكتساب عادات غذائية جيدة دون الإفراط في تعقيد حياتنا؟

تنشق الأوكسجين واشرب الكثير من الماء!

تناول الطعام وأنت بحالة من التوتر والضغط أمر سيء جدًا لجسمك. فالتوتر يخلخل عملية الهضم، ويعدل سلوكيات الجسم الغذائية أيضًا. كيف؟ من خلال قطع شهيتك: «أنا غير قادر على ابتلاع أي شيء!» أو من خلال زيادتها: «يجب أن آكل شيئًا!». ويكون إجراء عملية تنفس مسترخية قبل أي وجبة الخطوة الأولى نحو تحسين التغذية. كذلك من الضروري شرب كميات كبيرة من الماء النقي وغير الغازي: ليتر واحد لكل 30 كيلوغرامًا من وزنك. لماذا؟ لأن الأغذية الصلبة لا توفر سوى جزء من السوائل الضرورية للجسم، ولأنك تفقد الماء حين تعرق وتزفر، وعندما تلقي البول والغائط. هل تشعر بجفاف في فمك؟ إذا أنت مصاب بالجفاف فعلًا!

نصيحة

فور نهوضك من السرير، اشرب كوبًا كبيرًا من الماء. ضع تنبيهات لشرب الماء على هاتفك. احمل معك زجاجة ماء على الدوام. واحرص على إبقاء بعض القوارير الاحتياطية في سيارتك.

هل تعرف أن الكبد يلعب دورًا أساسيًا في جسمك؟ لأداء وظائفه، يحتاج إلى أنزيمات معينة تساعده على استيعاب المغذيات، وتجديد الخلايا، والتخلص مما يجب التخلص منه. ونتحدث هنا عن انتظام الأنزيمات. هذه الآلية الدقيقة قد تتأثر بالسموم مثل الكحول، والقهوة، والتبغ، والمخدرات، والإفراط في تناول الأدوية، والسكريات المكرَّرة...

لتفادي النقص، أكثِر من أكل الخضر والفواكه العضوية بقشورها، فهي غنية بالمغذيات؛ ونوِّع ألوان الأطعمة، فبذلك تتنوع الفيتامينات!

ولتحفيز الانتظام في الأنزيمات، احرص على التوازن بين الأغذية الحمضية والقلوية. تضفي الألبان واللحوم والحبوب والقهوة حموضة في الدم، في حين أن للفواكه والخضار تأثير قلوي (قاعدي) على الدم.

اختر الألبان النباتية كي تتحاشى أي حساسية. إن الأمعاء الدقيقة في غاية الهشاشة وتستحق أن ندللها. ويتواجد الكالسيوم في عدد معين من الأغذية مثل النباتات الدهنية، وفي المياه المعدنية الجيدة، لذلك لا ينصح باستهلاك كميات مفرطة من منتجات الألبان. نحن لا نملك الأنزيمات التي تهضم هذه المنتجات، والتي تزيد نسبة الحموضة في أجسامنا.

لتكن الحصص الموجودة في صحنك متوازنة. عمليًا، يجب أن تتكوَّن نصف كمية الوجبة المثالية من السلطات أو الحساء، وربعها من البروتينات، وربعها الأخير من النشويات، وأفضلها الأرز، أو المعكرونة، أو البطاطا.

احرص على توازن وجباتك الغذائية!

يجب أن يشمل التوازن توزيع الوجبات طوال النهار أيضًا. هل ترغب بتصبيرة؟ اختر حبة فاكهة، أو حساء، أو أي البذور الغنية بالزيوت...

شرب عصير الليمون في ماء فاتر ومعدتك فارغة له تأثير قلوي على جسدك. تفادى أكل الخبز لأنه ليس وجبة بحد ذاته، بل مصاحب للوجبة.

في الصباح، اختر للإفطار نوعًا من أنواع «السموثي»، بخلط موزة مثلًا مع بعض أوراق السبانخ، وحليب

اللوز، ورقائق الشوفان. هذا «السموثي» سهل التحضير، ويمكنك شربه خلال انتقالك من مكان إلى آخر.

ماذا عنك؟

هل تشعر بالتوتر أثناء تناول الوجبات؟

ماذا تأكل صباحًا، وظهرًا، ومساءً؟

ما وجبتك المفضلة؟

متى كانت آخر مرة شربت فيها كوبًا كبيرًا من الماء؟

ما القرار البسيط الذي يمكنك اتخاذه لتحسين إضافاتك الغذائية؟

اختر غذاءك بوعي

فواكه

خُضر
نصف الوجبة

ألبان
وبدائلها

نشويات
ربع الوجبة

لحوم وأسماك
وبدائلها
ربع الوجبة

استهلاك السكر في المتوسط يزيد بنسبة 90% عن النسب الموصى بها وهي: 95غ/اليوم مقابل 50غ/اليوم.

ينصح بحصر كمية الأحماض الدهنية المشبّعة بـ27 غ/اليوم. متوسط الاستهلاك 36 غ/اليوم.

المشروبات الغازية تحوي كميات كبيرة من السكر، وتخفض مستوى امتصاص الجسم للماء.

تمارين

1

◄◄ تمرين سهل   ⏱ 3 دقائق

آخر وجبة تناولتها: ما مكوناتها؟

❶ ماذا احتوت آخر وجبة تناولتها؟

● الخضر المستهلكة؟

....

● البروتينات المستهلكة؟

....

● النشويات المستهلكة؟

....

❷ رتب هذه الأغذية وفقًا لأهميتها في وجبتك.

● الجزء الأكبر:

....

● الجزء المتوسط:

....

● الجزء الأصغر:

....

هل تذكر النسب المثالية التي يجب أن تتضمنها وجبتك؟

ماذا استخلصت من هذا التمرين البسيط؟

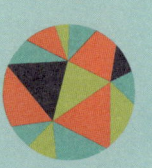

تمارين

2

تمرين متوسط الصعوبة ● 10 دقائق

التغذية: صح أم خطأ

ضع كلمة صح أو خطأ أمام الجمل التالية:

1. يمكن لطريقة الأكل السيئة أن تسبِّب الاكتئاب.	
2. التوازن بين الحمضي-القلوي غير هام.	
3. تغذيتك المتوازنة تعزز لديك ملكة الابتكار.	
4. يجب أن تتكوَّن نصف الوجبة المتوازنة من الخضر.	
5. يجب الابتعاد تمامًا عن كل الدهون.	
6. المايكرويف يحافظ على المغذيات.	
7. يفضل الشرب ما بين الوجبات.	
8. السكر من السموم.	
9. يجب استهلاك الكثير من منتجات الألبان.	
10. يفضل تناول الفاكهة بين الوجبات.	

الأجوبة:

1.صح، 2. خطأ، 3. صح، 4. صح، 5. خطأ، 6. خطأ، 7. صح، 8. صح، 9. خطأ، 10. صح

تمارين

3

تمرين متوسط الصعوبة • 5 دقائق

اختر الأغذية الموسمية

الطبيعة تحسن اختيار ما يناسبنا، لكن المتاجر الكبرى تعرض علينا كل شيء في كل الأوقات.

اختر الأغذية الموسمية، ما يسمح لك باسترجاع توازنك الغذائي السنوي. تسوَّق من متجر يختار المنتجات المحلية، أو سلة من المنتجات العضوية المناسبة لك!

صِل بين الأغذية الواردة أدناه والفصل المناسب لها:

أرضي شوكي، باذنجان، أفوكادو، بروكولي، جزر، فطر، كستناء، كرنب بروكسل، كوسا، شمار، فاصوليا، قرع، فجل، بندورة، كمأة.

الربيع (ر)	الصيف (ص)
الخريف (خ)	الشتاء (ش)

حمِّل رزنامة مليئة بالفواكه والخُضر وفق فصولها عن الشبكة العنكبوتية، واطبعها وعلقها في مكان ما في المطبخ!

الأجوبة الصحيحة:

أرضي شوكي: (ر)، باذنجان: (ص)، أفوكادو: (ر)، بروكولي: (ر)، جزر: (خ)، فطر: (خ)، كستناء: (خ)، كرنب بروكسل:(ش)، كوسا: (ص)، شمار: (ص)، فاصوليا: (ص)، قرع: (خ)، فجل: (ر)، بندورة: (ص)، كمأة: (خ).

التكنولوجيا؟
قليلًا، كثيرًا، أبدًا؟

بعض الناس يدفعون مبلغًا كبيرًا للإقامة في فندق يعزلهم عن التكنولوجيا تمامًا. هل تسبب لنا التكنولوجيا التوتر؟ ماذا نختار: التواصل الإلكتروني أو قطعه؟ كيف نستطيع تحقيق التوازن؟

مثال

تتجه إلى مكان عملك وتقرأ أثناء ذلك بريدك الإلكتروني، وتستغل وقت التنقل لإجراء الاتصالات وكتابة التغريدات وإبداء الإعجاب ورفع بعض الصور والروابط، وبالتالي فإن هاتفك موجود في يدك أو في جيبك دومًا. لا تستطيع تركه في غرفة أخرى، وترجع أعقابك حين تنساه. تبقيه بجانبك ليلًا. إن حصل وأصابه عطل ما، عندها تقع الكارثة... ألا تعتقد أنك متعلق بالتواصل الإلكتروني بإفراط؟ لكن كيف كان الحال قبل ظهور الهاتف الجوال؟ في الواقع، كان الناس بحالة استرخاء، وفي حال وقوع المشاكل، كانوا يبتكرون الحلول!

هنري روييه
صحافي

«كنت أود أن أكون منفصلًا إلكترونيًا 10 أيام. الخبر الحصري: « الأمر باء بالفشل»: «لم أحتج أكثر من 30 ثانية كحد أقصى، [...] لأقرر إلغاء تطبيق «تويتر» من هاتفي الذكي، وتعطيل كل التنبيهات من «فيسبوك»، وأبقيت محادثات واتساب صامتة، والتي أستخدمها أساسًا لمناقشة زملائي في الأوقات العادية».

أدخلت التكنولوجيات الجديدة تغييرات كبيرة على أعمالنا، سواء في المكان أو في أوقات العمل. إنها تلتهم الوقت، وتستغل أوقاتنا وتجعلنا نضيعها أيضًا. نعالج المزيد والمزيد من المعلومات، ونواجه متطلبات المتصلين الذين يتوقعون منا إجابات فورية غالبًا. ولنكن صادقين، ألا نقوم بذلك فعلًا؟

ضحية الإفراط المعلوماتي؟

يشير هذا المصطلح الجديد إلى الاستهلاك المفرط بالمعلومات. تؤدي هذه الممارسات غالبًا إلى الزيادة المفرطة في العمل، واضطراب في التركيز، وهذا لا يسبب إلا التوتر. إن الإفراط في الاتصال التكنولوجي، والإفراط بدفق المعلومات، والتواصل الدائم بين الحياة المهنية والحياة الخاصة يؤدي لمخاطر نفسية- اجتماعية جديدة مرتبطة بالتكنولوجيا الرقمية: القلق، التوتر، الإرهاق. قد يشعر العامل بالضيق الشديد أمام كمية البيانات المراد معالجتها كما لو أنه في حالة خطر. قد يكون في حالة إدمان على التواصل الإلكتروني أيضًا. تذكر بأن الموجات الكهرومغناطيسية قد تكون بدورها ضارة بالصحة.

«الحساسية المفرطة الكهرومغناطيسية» حالة مرضية ناشئة تظهر على شكل اضطرابات فيزيولوجية ناجمة عن التعرض للموجات الكهرومغناطيسية الصادرة عن الهواتف الجوالة. وتتضمن الأعراض المرتبطة بالجهاز العصبي على وجه الخصوص الصداع، والتعب، والتوتر، واضطرابات النوم، وأعراض جلدية مثل التخدر، والشعور بالحرق، والحكة، والآلام، والتشنجات العضلية.

تعلم كيف تحسن التواصل الإلكتروني؟ غيِّر طريقة عملك: رتب المعلومات وتقبل بأنه قد لا يكون بإمكانك معالجتها كلها.

لا تسمح لأدواتك أن تسيطر عليك! إذ أنها تتحكم بحياتك غصبًا عنك. اعتمد استراتيجية متوازنة لإدارة تواصلك الإلكتروني. عدوك رقم واحد هو أنت. لماذا؟ لأنه يوجد في داخلنا «متمرد» يكره التغيير. كي تعرف المزيد عن نفسك، سارع بشراء كتاب «أُحسِن تنظيم أموري في غضون ساعتين». هذا أول عمل قمت به عندما طلب مني كتابة هذا الكتاب. قمت بتطبيق العديد من النصائح الواردة في هذا الكتاب، لا سيما النصيحة القائلة بعدم قراءة رسائلي الإلكترونية قبل الساعة 11 صباحًا، كي يتسنى لي الوقت لإحراز تقدم في المشاريع ذات الأولوية.

ما العمل؟

- نظف هاتفك الجوال من كل التطبيقات غير الضرورية. احتفظ بتلك التي تساعدك على الاسترخاء فقط: مثل تطبيق تناغم ضربات القلب! كذلك حمِّل التطبيق الذي يحدُّ من أوقات التواصل الإلكتروني.
- افصِل هاتفك عن شبكات التواصل الاجتماعي؛ تعابير «الإعجاب» تستطيع الانتظار.
- ألغ التنبيه الآلي لتلقي الرسائل الإلكترونية، إذ يسبب لك ضغطًا إضافيًا، وفضولك سيتفوق على إرادتك. لا حاجة للإغراء غير المفيد!
- اِبق هاتفك بوضعية «الطيران»، أي عدم الاتصال، خلال اجتماعاتك، وعند تناولك الطعام، وفي الليل، وحين تكون منشغلًا بقضية هامة.

في فرنسا، ابتداء من يناير 2017، بات الحق في قطع التواصل الإلكتروني، من ضمن المواضيع المطروحة خلال المشاورات السنوية الإجبارية المتعلقة بجودة الحياة العملية.

نصيحة

سجل الرسالة الصوتية التالية على هاتفك: «أنت تتصل ببريدي الإلكتروني...إذا لم أتلق رسالتك، فذلك لأنني أجري اتصالًا، أو آخذ استراحة مُستحقة. اترك لي رسالة، وأعدك بالرد عليها».

- توقف عن تصفح هاتفك الذكي قبل النوم مباشرة أو عند الاستيقاظ.

- افصل هاتفك، وأوقف اتصالاتك تمامًا، ليوم واحد في الأسبوع، واقطع شبكة الـ «واي فاي» الخاصة بك!

ماذا عنك؟

كيف تصف علاقتك بهاتفك؟ بلوحك الإلكتروني؟ برسائلك الإلكترونية؟
متى انفصلت تمامًا عن هاتفك؟
هل تعتقد بأنك مدمن على الشبكات الاجتماعية؟
هل تجيب مباشرة على رسائلك الإلكترونية؟
أي نصيحة ستعمد إلى تطبيقها فورًا؟

استخدام الأجهزة الرقمية

67%
يستخدمون الأجهزة الرقمية أكثر من 3 ساعات كل يوم

37%
يستخدمون الأجهزة الرقمية طوال اليوم تقريبًا خارج أوقات العمل

40%
يثمنون المرونة في الساعات التي تقدمها الأجهزة الرقمية

62%
يعتبرون أن تطبيق قواعد عامة تحدد استخدام الأجهزة الرقمية خارج أوقات العمل أمر ضروري

59%
يعتبرون الأجهزة الرقمية تطورًا

طبقًا لدراسة شركة إلياس للاستشارات عن "الممارسات الرقمية للمستخدمين في فرنسا في عام 2016"

◄ تمرين متوسط الصعوبة   ⏱ ١٠ دقائق

رتب رسائلك وفقًا لأولوياتها

تعتبر « مصفوفة أيزنهاور» أداة تحليلية تسمح بترتيب المهام وفقًا لوضعها الطارئ أو لأهميتها. في ما يلي تمرين بسيط يساعدك على الاعتياد على هذا المفهوم الذي يمكن استخدامه في كل الظروف. رتب الرسائل الإلكترونية وفقا لوضعها الطارئ أو لأهميتها.

تجد في علبة رسائلك ما يلي:

❶ والدتك أرسلت لك صورًا عن الإجازة الماضية.

❷ رئيسك يطلب منك تحديد تواريخ الاجتماع المقبل للفريق.

❸ المورِّد أرسل لك قائمة جديدة بالأسعار.

❹ زميلك يذكرك بضرورة إرسال ملف وعدت بإرساله له منذ ثلاثة أيام.

❺ ابن عمك المفضل يرسل لك دعوة لعيد ميلاده بعد شهر من اليوم.

❻ أختك تطلب منك اتخاذ قرارات بخصوص أحد أفراد العائلة.

❼ وصلك رابط للاشتراك في عشاء الشركة نهاية السنة.

❽ وصلك تأكيد على حجز سفرك المقبل.

❾ رسالة إلكترونية تعلن عن تنظيم ندوة في مجال اختصاصك.

❿ رسالة إلكترونية تطلب مشاركتك في اجتماع مهني.

طارئ - غير هام	طارئ - هام
يستطيع الانتظار - غير هام	يستطيع الانتظار - هام

احفظ هذه المصفوفة في ذهنك عند اطلاعك على بريدك الإلكتروني!

تمارين

2

تمرين صعب · متغير

ابتعد عن كل الإلكترونيات!

خصص أوقاتًا للراحة في جدول أعمالك، وانقطع خلالها عن كل تواصل إلكتروني. نبِّه زملاءك، وزوجتك، وأولادك، وأقاربك؛ أنهم لن يتمكنوا من التواصل معك وحدِّد لهم الوقت! ما هي الأوقات المناسبة «للانقطاع الكلي» خلال الأسبوع؟

	الاثنين	الثلاثاء	الأربعاء	الخميس	الجمعة	السبت	الأحد
8 ق. ظ							
9 ق. ظ							
10 ق. ظ							
11 ق. ظ							
12 ظهرًا							
1 ب. ظ							
2 ب. ظ							
3 ب. ظ							
4 ب. ظ							
5 ب. ظ							
6 مساءً							
7 مساءً							
8 مساءً							
9 مساءً							

حدِّد أوقات الراحة في جدول أعمالك العادي، وجربه لتشعر بالتحرُّر!

أطلق العنان
لخيالك

● ● ● ● ● ● ● ●

عش حاضرك مرتبطًا بكل أحاسيسك. تخلص من كل أسباب الإزعاج واستبدلها بالإيجابيات. تخيل حدثًا مستقبليًا وعش كل المشاعر الإيجابية. استرجع الأوقات الجميلة من الماضي. هيا بنا!

هل تلوح لك في الأفق وظيفة جديدة؟ هل تستعد لتقديم عرض أمام الإدارة العامة أو عملاء كبار؟ هل تنتظر تقييمك السنوي؟ أم أن مشروعًا كبيرًا ستتسلم إدارته؟ لا تعرف كيف ستتمكن من التعامل مع كل هذه الأعمال؟ يمكن لتقنيات عرض المعلومات أن تساعدك في الاستعداد لهذه المهام. تسمح لك بترتيب الأولويات، والاحتفاظ بالهدوء في مواجهة هذه الزيادة في المشاريع. «نعم، لكن في المرة السابقة، ساءت الأمور تمامًا!» اطمئن فعند استخدام كل أحاسيسك والصور الإيجابية وتفعيل مواردك الداخلية، يمكنك استرجاع ذكرى ذلك الوقت الصعب، وإعادة عيشه مع كل الراحة الممكنة للتحرر والتفكير في إمكانيات جديدة. لقد أسند إليك مشروع ضخم، وتشعر كأنك تقف أمام جبل ضخم.

مثال

129

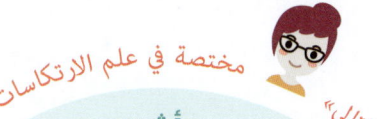

«ناتالي» مختصة في علم الارتكاسات

«أشعر بالراحة الكبيرة بعد الجلسات. أبدو مستعدة لصعود الجبال. لا شيء يقف في وجهي. لدي الطاقة والنشاط الكافيين كي أواصل التقدم. أتاحت لي الـ«سوفرولوجيا» إمكانية إدارة التوتر اليومي. استعدت ثقتي بنفسي. لم أعد أنزعج من التحدث أمام الجمهور. قدم لي كل ذلك السعادة لا بل الاسترخاء التام».

يعلمك هذا الكتاب كيف تعيش، تتنفس، تتناغم ضربات قلبك، تستمتع بالوقت الحاضر تمامًا، وتسترجع الإيجابيات. العيش يعني الشعور بالراحة ونشرها في كافة خلايا جسمك. هذا ما فعلته بالضبط عندما قبلت مشروع كتابة هذا الكتاب!

المرحلة الأولى: توقف

كيف ذلك؟ بإغلاق العينين، يمكن تخيل ظرف كنت أثناءه في غاية السعادة، تتذكره وتستمتع بكل الأحاسيس الإيجابية التي تمدك بها تلك الذكرى. تستعيد تلك الأحاسيس في جسدك الآن.

المرحلة الثانية: عِش مستقبلًا محتملًا

طالب يخطط للغطس مع رفاقه عند إنهاء فترة الامتحانات. بائع يخطط لعملية شراء ويحتسب عمولاته السنوية. كاتب يتخيل لحظة الاحتفال بنشر كتابه... وأنت، تخطط لإجازتك المقبلة التي تستحقها تمامًا بعد إنهاء المشروع الذي قمت بإدارته.

بعض الأفكار؟

ما فائدة هذا التمرين؟ الاستمتاع بأحاسيس مستقبلية إيجابية في الحاضر، وإعادة الجبل إلى مقاييسه المعقولة. ستصعد هذا الجبل بالتأكيد، ولكنك تعرف بأن خلفه، تستمر الحياة والعالم لا يتوقف عن الدوران.

تكشف الأبحاث في مجال تصوير الأعصاب، بأن المناطق نفسها تنشط في الدماغ حين تتخيل عطلتك المقبلة، أو إذا عشت هذه العطلة فعليًا!

استعادة
مراحل المشروع!

تستخدم خيالك الواسع لتقبل هذا الحدث المستقبلي تدريجيًا. أولًا: ضع نفسك عند نهاية الحدث. ثانيًا: عِش كل الأحاسيس المتعلقة بقصة النجاح الجميلة: نظرات الإعجاب من زملائك، الشعور بالفخر نتيجة الإنجاز المحقق، السعادة العارمة بإنهاء المشروع الضخم حتى النهاية. تستمتع بكل جوارحك بهذه اللحظة حسيًا ومعنويًا. ثالثًا: بعد ذلك، تعود حاملًا كل تلك الأحاسيس الإيجابية إلى اللحظة الآنية، وتستعيد كل مراحل مشروعك. إن شعرت في أي لحظة بالانزعاج، خذ الوقت اللازم، ومع كل زفير تخلص من كل أسباب الاضطراب. رابعًا: عد إلى الإيجابية التي تعيشها، واستمر في هذا المسار حتى نجاح المشروع. يستخدم هذه التقنية الرياضيون المحترفون، الطلاب، الفنانون...

«فابريس ميدال»
فيلسوف وأستاذ تأمّل

«الخيال يسمح بإقامة رابط بين العالمين الجسدي والروحي. ويمثل أيضًا جزءًا من الحقيقة العميقة لأنه يشكل فيضًا من النشاط، ويطلق الشعور، ويغذي حس الإبداع، أو قد يغير إيجابيًا وجودنا ورؤيتنا للعالم الخارجي».

نصيحة

خيالك مورد طبيعي لروحك. إنه قدرتك على بناء تصوُّرك لموقف ما. ابدأ بتخيل شيء طبيعي ينتمي إلى الطبيعة مثل: شجرة، صدفة، حصى، وركز انتباهك عليه.

ماذا عنك؟

هل خسرت كل إمكانياتك؟ متى حصل ذلك؟

هل شاهدت حلمًا وشعرت بأنك عشته في الحقيقة؟

هل تسترجع ذكرى سعيدة عشتها سابقًا، وتستعيد معها كل أحاسيسك؟

متى كانت هذه اللحظة؟

هل شعرت بها في جسدك أو عقلك؟

استخدم خيالك

1 ينتظرني مستقبل إيجابي
2 أشعر بالإيجابية في داخلي
3 أنشِّط مواردي
4 أتخطى الحدث

تمارين

◀◀ تمرين صعب   🕐 20 دقيقة

تخيل مشروعك الخاص

خذ الوقت الكافي لتطبيق جلسة كما تم وصفها في هذا الفصل.

اترك لخيالك العنان؛ باستطاعتك القيام بجلسة التأمل لوحدك، ويمكنك تحميل جلسة من هذا النوع من موقعي الإلكتروني أيضًا.

❶ مشروعي: ....
....
مشاعري: ....

❷ ما ينتظرني من ورائه: ....
....
مشاعري: ....

❸ مراحل المشروع: ....
....
مشاعري: ....

❹ مواردي لتنفيذه: ....
....
مشاعري: ....

يتيح لك هذا التمرين اتخاذ قرارات لتحقيق النجاح في هذا المشروع. لقد طبقت جلسة مماثلة عندما بدأت كتابة هذا الكتاب، وبدا لي جليًا جدًا ضرورة برمجة عطلات نهاية الأسبوع بإدراج الكتابة ضمنها خارج جدران المنزل. عقب هذا التمرين، قمت بحجز عطلات نهاية أسبوع كاملة في رزنامتي، ووجدت موقعًا للعزلة محفزًا للإلهام.

2

تمرين متوسط الصعوبة ◔ 10 دقائق

حضر مواردك الإيجابية

يذكرك هذا التمرين أنه يمكن استحضار الماضي القريب، والبحث فيه عن مشاعر مفرحة.

- استحضر ذكرى إيجابية من يوم أمس.
- ثبت هذه الذكرى الإيجابية.
- لتعززها في وعيك، اشهق وارفع ذراعك، ومع إطلاق الزفير اخفض ذراعك.
- اسمح لوعيك بتضخيم هذه الذكرى. الأماكن باتت هنا، كذلك الأشكال والألوان والروائح والأصوات، أنت هنا الآن في هذه الذكرى.
- عش هذه الذكرى اليوم كما ترغب بأن تعيشها. عند استرجاع المشاعر، ستعزز الإيجابية منها، وتعيشها بالكامل.
- تظهر الأحاسيس البصرية: الأشكال من حولك، والألوان، والضوء...
- يصدر عطر جميل يعطر هذه اللحظة، وتتنشقه بعمق.
- تستشعر طعمًا يملأ فمك، وتستمتع به تمامًا...
- تأتي أحاسيس السمع ... الموسيقى، والأصوات، والضوضاء. الأصوات تصل إلى أذنيك، تميز الأصوات الدافئة فتمنحك الهدوء... والأحاسيس الجسدية ملموسة ...
- تنشق كل ما هو إيجابي، وعند الزفير، أرسل كل الأحاسيس الإيجابية الخاصة بتلك اللحظة إلى جميع خلايا الجسم.
- احتفظ بهذه الذكرى كأنها شيء ثمين في إحدى زوايا وعيك، لتكون جاهزة للاستخدام حين تحتاج إليها.

23

اندهش واستمتع

«الحكمة تبدأ بالاندهاش».

سقراط

مثال

كنت أراقب حفيدي ذاك اليوم في الحديقة، وبدا لي أن هدفه كان واضحًا: أن يجلس على كرسي الحديقة العالية جدًا. يحاول مرة أولى، فيرفع رجله، ثم الأخرى؛ ينظر حواليه، ويعي بأن الأمر معقد، لكنه لا يشعر بالإحباط، ويشدُّ بكل قواه على ذراعيه، ويحرك رجليه الصغيرتين. يقفز فوق الكرسي ثم يجلس وينظر حوله وعلامات الرضى ظاهرة عليه، مندهشًا من نجاحه في الجلوس على الكرسي مثل الكبار. لم يبدأ بالكلام بعد، لكني واثق كل الثقة بأنه لم يكن ليقول «إنها عالية جدًا»، «لن أتمكن من تحقيق هدفي»، «سأقع»، «إنه أمر خطر»... لقد حدَّد هدفه وبذل كل الجهد لتحقيقه، واستفاد من هذا النجاح!

مدربة واستشارية في متعة العمل

«زرع الدهشة في العمل يعني إبراز المواهب، والإنجازات، والفعاليات تمامًا كما يعطي المزارع القيمة للتربة. إنه عمل يتطلب مدة طويلة على عدة مراحل: قلع النباتات الجافة، تحضير التربة، البذر، الري، الحصاد... المؤكد هو «وجود أزهار في كل مكان لمن يرغب بمشاهدتها» بحسب الرسام الفرنسي «هنري ماتيس».

ألا تعتقد بأن الأطفال يقدمون لنا دروسًا جميلة من الحياة؟ إنهم يعيشون اللحظة بكاملها، وكل شيء يثير استغرابهم واندهاشهم! فكر بطفل قريب منك وتذكر المرة الأولى التي قفز فيها في الوحل، أو مشى على الثلج، أو ركض تحت المطر. نرى على شبكات الإعلام الاجتماعي فيديو لفتاة صغيرة تضحك من كل قلبها تحت الأمطار الغزيرة. نرى عينيها تتقدان فرحًا؛ تستمتع، وتجرِّب، وتندهش وتبني واقعها الخاص بها. هل هي فيلسوفة دون أن تدري؟ الاندهاش هو بداية الحكمة وفقًا لسقراط. والأطفال هم الذين يرشدوننا نحو درب التساؤل. هذا ما يسمح لنا بابتكار الأفكار.

تحقيق الاسترخاء والسلام الداخلي، ألا يعني أن تصبح فيلسوفًا في هذه الحياة؟ ما هو السرُّ؟

الأمر غير بسيط. لو كان بسيطًا، لشعرت بإحباط أقل، وبكآبة أقل، وبإرهاق أقل. لماذا هذا الأمر معقد إلى هذه الحدود؟ لأن الدماغ البدائي يتحايل علينا! عمل على ترميز كل السلبيات للدفاع عن نفسه، وتفادي المخاطر. لذلك ينبغي عليك تثقيف نفسك بطرق التواصل مع كل ما هو إيجابي في الحياة، ويتطلب ذلك تدريبًا جديًا! إن تغيير رأينا بأنفسنا وبالعالم لا يحصل بالفطرة.

الاندهاش وسيلة تستخدم أكثر فأكثر في التدريب داخل الشركات. ويفتح الاندهاش كل المجال أمام عنصر المفاجأة وبالتالي الإبداع.

السرُّ يكمن في «الرضى عن النفس»

137

لنعد إلى الدماغ الهامي البدائي؛ يبدو أنه يجعلنا نتفاعل مع حافز خارجي. ونعرف اليوم تمامًا بأن ذلك أكثر تعقيدًا مما نظن.

نصيحة

لتحقيق الاندهاش، من الضروري عدم الرغبة بالسيطرة على كل شيء ولا توقع كل شيء. أفسح المجال أمام المجهول. استثمر في الوقت الحالي. ودع نفسك تتفاجأ واستعد للتغيير.

ينشأ التوتر عن نزاع داخلي على مستوى أفكارنا، ولا سيما على مستوى مقدمة الفص الجبهي. إنه الجزء الأذكى من دماغنا، وهو مرتبط بالأجزاء الأخرى من الدماغ، ولكن يصعب عليه الوصول إلى وعينا. التوتر مؤشر لنزاع داخلي، ويشير إلى أننا نعمل بوتيرة الفكر الآلي (الذي يدير البسيط والمعروف) ويجب أن نحوله إلى وتيرة الفكر على مستوى الفص الجبهي (الذي يدير المعقد والمجهول). ويشرح الطبيب الفرنسي والمعالج السلوكي والمعرفي «جاك فرادين» في كتابه كيف يمكننا تطوير نمط الفص الجبهي. ويذكر بأن رياضة الدماغ تسهم في الانتقال من نمط إلى آخر.

أن يتبع المرء نمط الفص الجبهي، يعني أنه منفتح، مرن، دقيق؛ ويتبنى رؤية شاملة، نسبية، إبداعية، منطقية، إيثارية...

نمط الفص الجبهي، خفيف لكنه غير خالٍ من الهموم

يشكل الاندهاش والسلوك الإيجابي، والفنون، والممارسات الجسدية، والتأمل، جزءًا من نمط الفص الجبهي. وينبغي عليك التدرب لتحقيقه، وهذا التدريب العقلي في متناول الجميع.

ماذا عنك؟

متى اندهشت أخيرًا؟

ماذا يعني لك اللطف في العمل؟

متى ساورك الفضول بخصوص شيء ما؟

هل من مكان لغير المتوقع في يومياتك؟

تمارين

1

تمرين متوسط الصعوبة — 15 دقيقة

مواهبك رائعة

1. أعد لوحًا كبيرًا يحتوي على أسماء أعضاء فريقك في العمل.
2. وزع الأوراق اللاصقة قرب كل اسم، واطلب من الفريق تدوين موهبة كل عضو في الفريق.

عند نهاية الأسبوع، يكون اللوح قد اكتمل، وتكون مواهب الفريق ظاهرة أمام الجميع. إنها طريقة لتثمين المواهب، والأكثر من ذلك، إنها نظرة جديدة لكل واحد من فريق العمل، ما يدفع كل منهم للانتقال إلى نمط الفص الجبهي، والخروج من نمط التفاعلات العفوية الاعتيادية.

2

تمرين متوسط الصعوبة — 10 دقائق

اُنظر لنفسك نظرة تأملية

بعد إنجاز مشروعك الضخم، خذ الوقت الكافي لإعادة تقييم نفسك:

1. ماذا تعلمت عن نفسي من خلال هذا المشروع؟ (قبل، أثناء، بعد...)

....

....

2. بماذا شعرت؟ قبل، أثناء، بعد؟

....

....

3. هل هو نشاط سهل بالنسبة لي؟ أين تكمن سهولته؟

....

....

4. هل هو نشاط «أقل» سهولة بالنسبة لي؟ أي نقاط فيه كانت أقل سهولة؟

....

....

3

تمرين صعب · 15 دقيقة

أثرِ معجمك الخاص بمصطلحات الاندهاش

أعد تركيب الكلمات بما يتناسب.

1. ب إ ج ا ع = ...
2. ل ت م أ = ...
3. ا س ب ت غ ر ا = ...
4. م ة ج ف ا أ = ...
5. ا ب ت ه ا ج = ...
6. ح س ا م = ...
7. ا ر ه ب ن ا = ...
8. ا ت ت ن ف ا = ...
9. ح ت ي س م = ...
10. ب ر ه ا = ...

الإجابة

1. إعجاب 2. تأمل 3. استغراب 4. مفاجأة 5. ابتهاج 6. حماس 7. انبهار 8. افتتان 9. تحميس 10. باهر

الثقة بالنفس
كليًا

«أن تكون موهوبًا، هو أن تكون
واثقًا بنفسك، بقواك الخاصة».
ماكسيم غوركي[1]

مثال

هل تشعر بأنك في حالة من العصبية؟ هل تتردد في اتخاذ قرار؟ هل تشعر بالرغبة في إطلاق تحدٍّ مهني جديد، ولكن شيئًا ما يمنعك؟ هل ترد بالسوء على ملاحظة سمعتها من زميل؟ هل تشعر بعدم القدرة على تقديم المساعدة لزملائك أو تشعر دائمًا بالحاجة لأن تكون كلمتك هي الأخيرة في اجتماع العمل؟ هل تعرف بوجود عالم صغير مميز داخلك؟ إن كنت تعتبر بأن رأسك في حالة من الفوضى، فذلك لأن أجزاء هذه الفوضى تتزاحم على المركز الأول. نعم، لديك داخل جسدك أجزاء حقيقية جدًا تجعلك على ما أنت عليه، ولديها أمور تود أن تفضي بها لك.

1 المؤلف والروائي والكاتب المسرحي الروسي (1868-1936)

141

ابتكر الطبيب الأمريكي «جيفري إم. شوارتز» أداة لمساعدة مرضاه على فهم ما يدور داخلهم. وجد أن المرضى كانت لديهم حوارات داخلية: «كنت أود أن أقوم بذلك، لكن شيئًا منعني» أو «شيء ما دفعني لـ...». وبمراقبة هذه الظواهر، فهم بأن الأشخاص كانوا يعبرون أحيانًا عن سمة من سماتهم، وأحيانا عن أخرى.

«اشتكت مريضة من سلبية مديرها المباشر حيالها. خلال الجلسة، أظهرت جوانب أخرى: الجانب الغاضب، الجانب الذي يعتبر نفسه بلا فائدة، والجانب الذي كان يخشى الطرد من العمل (...) ساعدتها على اختيار الجانب الذي يسبب لها الإشكالية الأكبر: كيف كان هذا الجانب يعبر عن نفسه؟ كيف ظهر؟ كيف أثر على حياتها؟»

«فرانسوا لودوز»
طبيب أعصاب ومعالج وفق نموذج أنظمة الأسرة الداخلية

الأنا: قائد الأوركسترا

ويبدو بأن حوارًا كان يجري بين تلك الشخصيات. لاحظ وجود ما يشبه قائد الأوركسترا: الأنا الفعلية. وكانت هذه «الأنا» تعمل عمل المرشد؛ العلامة المختبئة غالبًا وراء أجزاء الأنا الموجوعة، وكأنها شكل من أشكال نظام التموضع الداخلي الذي يضمن أمان النظام كله.

حين يُعطى المجال لتلك السمات للتعبير، فإنها تستمع لبعضها بعضًا، وتتفاعل في ما بينها لتحقيق المصلحة المشتركة، باختصار يهدأ كل شيء داخلكم.

ترتبط الثقة بالنفس بقدراتنا؛ ويتعلق تقدير الذات بالقيمة التي نعطيها لأنفسنا. من هنا، من الضروري أن نكون أوفياء لأنفسنا!

> **نصيحة**
>
> تعلم حب الظل والنور، وحب كل الأجزاء التي تؤلفهما. إذا أثار عميل ما أو زميل أو مدير انزعاجك فاسأل أحد أجزائك، واستمع إلى ما يقوله لك!

داخل كل واحد منا أجزاء مفعمة بالمواهب، تنتظر أول فرصة كي تعبر عن نفسها. كيف تبدو أهمية هذا النموذج في إطار عملك؟ إنك بشر أي أنك تتفاعل مع نفسك ومع الآخرين. أنت على ما أنت عليه سواء في دائرة حياتك الشخصية أو المهنية! منذ الآن، من الضروري أن تتعلم كيف تتعرف على نفسك حتى تكون في حالة من الاسترخاء بكل جوانبك. فكل نموذج وكل ممارسة تمدُّك بالمعرفة المعمقة بنفسك، التي تساعدك على التفاعل والتصرف بالشكل مناسب أينما كنت.

قد يحدث التغيير أثناء استماعنا لكل أجزائنا!

معرفة الذات تعزز الثقة بالنفس

تخيل أنك تسبح عكس التيار في نهر هائج؟ إنه أمر منهك ولا يمكنك الاستمرار به طويلًا. تعلم السباحة مع التيار، أي تخلَّ عما لا تستطيع السيطرة عليه. بذلك تكون أكثر ارتياحًا! ويستوجب ذلك معرفة معمقة عن نفسك وعن مواهبك.

احرص على التعرف على نفسك، وعامل ذاتك بلطف، وأحب مواطن قوتك كما نقاط ضعفك. تخل عن قوقعتك، ومعتقداتك، والانطوائية فيك، كي تنظر بإعجاب إلى الكائن الرائع الذي هو أنت.

ماذا عنك؟

ما الأصوات الخافتة التي تتحاور داخلك دائمًا؟

ماذا تقول لك؟

ماذا ستفعل كي تكون أنت بالتمام؟

الثقة بالنفس

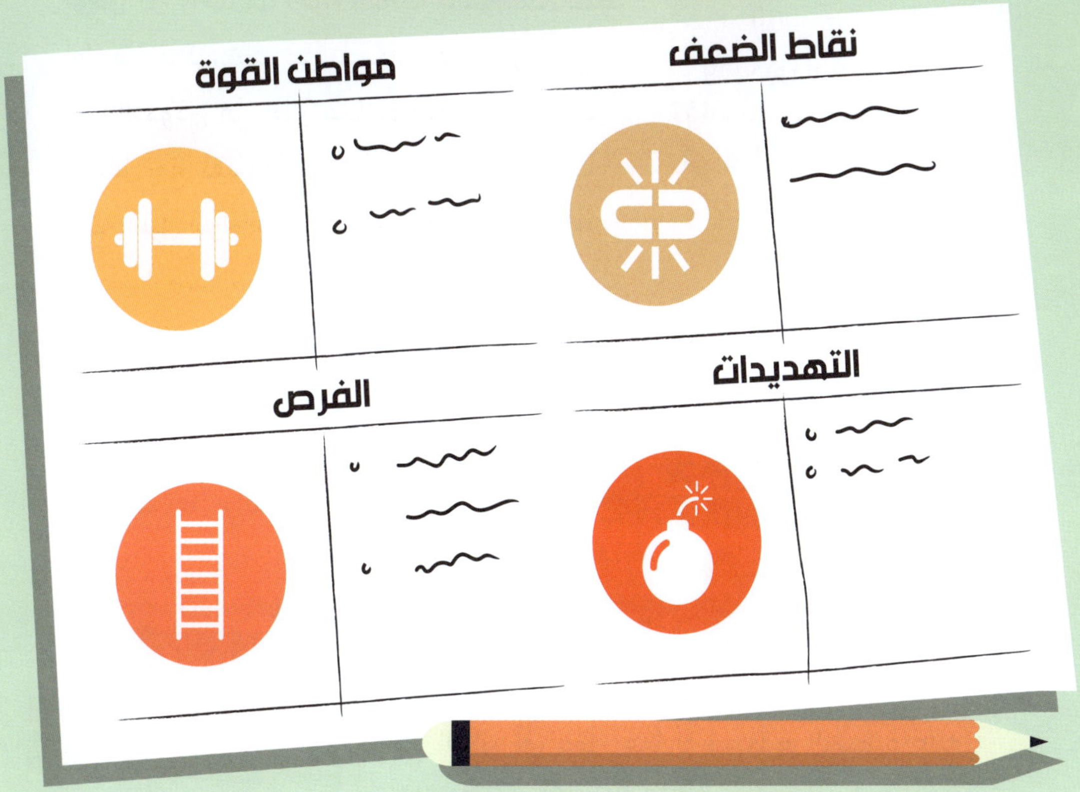

نقاط الضعف		مواطن القوة	

التهديدات		الفرص	

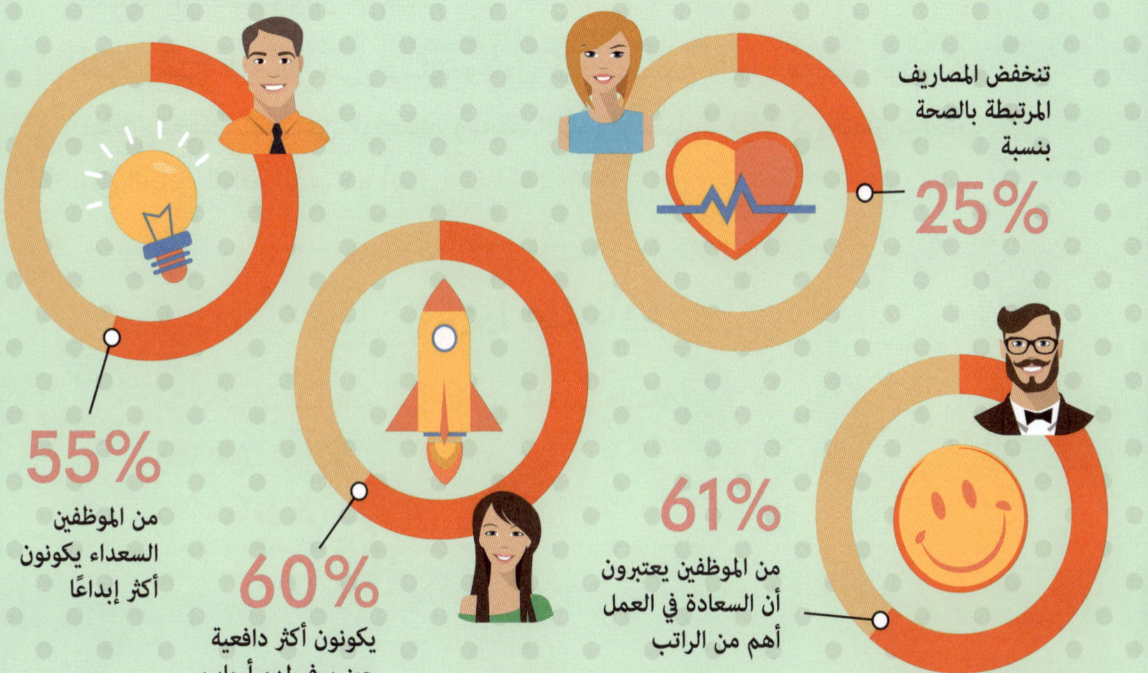

تنخفض المصاريف المرتبطة بالصحة بنسبة **25%**

55% من الموظفين السعداء يكونون أكثر إبداعًا

60% يكونون أكثر دافعية حين يوفر لهم أرباب العمل أسباب الراحة

61% من الموظفين يعتبرون أن السعادة في العمل أهم من الراتب

تمارين

1

◄◄ تمرين صعب   ⏱ 15 دقيقة

أتوقف عن التوتر!

لقد اكتشفت، خلال قراءتك، تقنيات وأدوات وحيلًا صغيرة لوقف التوتر...

اختر الفصول الخمسة التي كان لها التأثير الأكبر عليك، ودوِّن أدناه المحاور والدروس المستخلصة منها.

ما استخلصته منها	الفصول التي كان لها التأثير الأكبر عليَّ
	1.
	2.
	3.
	4.
	5.

● ماذا ستطبق اليوم؟

....

....

....

● ما هي النصائح التي ستتبعها ابتداء من اليوم؟

....

....

....

2

تمرين متوسط الصعوبة · 15 دقيقة

ضع دائرة حول صفاتك، فأنت رائع

إبداعي	إيجابي	ألمعي	أمين	أنيس	أنيق
باسم	بارع	بشوش	تنافسي	ثابت	جدي
جدير بالثقة	حالم	حدسي	حرّ	حرِك	دقيق بمواعيده
حماسي	حنون	خدوم	خصب الخيال	خلوق	دقيق
دمث	دبلوماسي	ذكي	ذو دافعية	ذو طاقة عالية	رياضي
سريع	شاطر	شجاع	صاحب آراء	روحه رياضية	فكره ناقد
صبور	صريح	طموح	عادل	عاقل	عصامي
عفوي	عقلاني	عنيد	فعال	فصيح	قوي العزيمة
قيادي	كادح	كتوم	كثير الاطلاع	كريم	لطيف
ماكر	مباشر	مبتكر	مبدع	متجاوب	متحفظ
لبيب	متعاون	متعدد القدرات	متفان	متفائل	متفهم
متقن	متقن إلى حد المثالية	متعاطف	متسامح	متسق	مثقف
مجتهد	محارب	محب للحركة	مخاطر	مدبر	مدقق
مراقب	مرن	متحمس	مستقل	مستقيم	مسل
مسؤول	مضحك	مضياف	معبِّر	مقتصد	مقنع
منتبه	متفتح	منسق	منطقي	منظم	منفتح على الآخرين
هادئ	نابض بالحياة	نزيه	نشيط	واثق بنفسه	مواظب

المراجع

الكتب

ALEXANDER G., *Le corps retrouvé par l'Eutonie,* Tchou, 1981.

CHÉNÉ P.-A., AUQUIER M.-A., *Gestion du stress et sophrologie*, Ellébore, 2015.

ELROD H., *Miracle Morning*, First, 2016.

FRADIN J., *L'Intelligence du stress*, Eyrolles, 2008.

GUÉNIAT J., *2H chrono pour mieux m'organiser*, Dunod, 2017.

JANSSEN T., *La Solution intérieure, vers une nouvelle médecine du corps et de l'esprit*, Fayard, 2006.

JANSSEN T., *Le Défi positif*, Les Liens qui Libèrent, 2011.

KABAT-ZINN J., *Apaiser la douleur avec la méditation*, Les Arènes, 2016.

KABAT-ZINN J., *Où tu vas, tu es, Apprendre à méditer pour se libérer du stress et des tensions profondes*, J'ai Lu, 2013.

KEYES K., *Bonjour Bonheur !*, Soleil, 1992.

KOTSOU I., LESIRE C., *Psychologie positive, Le Bonheur dans tous ses états*, Jouvence, 2011.

LABORIT H., *L'Inhibition de l'action,* Masson et Presses Universitaires de Montréal, 1980.

LENOIR F., *Petit traité de vie intérieure*, Plon, 2010.

LESAGE P., *2H chrono pour mieux dormir (et gagner en énergie)*, Dunod, 2018.

O'HARE D., *Cohérence cardiaque 365*, Thierry Souccar, 2012.

REINBERG A., *Nos horloges biologiques sont-elles à l'heure ?*, Le Pommier, 2004.

ROSENBERG M., *Les Mots sont des fenêtres (ou bien ce sont des murs)*, Syros, 1999.

RUBINSTEIN H., *Psychosomatique du rire,* Laffont, 2003.

RUIZ M., *Les 4 accords toltèques, la voie de la liberté personnelle*, Jouvence, 2006.

RUIZ M., *Le Cinquième accord toltèque, la voie de la maîtrise de soi*, Guy Trédaniel, 2010.

SELYE H., *Le Stress de la vie*, Gallimard, 1975.

TOLLE E., *Le Pouvoir du moment présent*, Namaste publishing, 1997..

مصادر أخرى

Claeys C., Nutrition Coach, http://claeyscoachnutri.over-blog.com/

Craig G., www.Offial-EFT.com

Jans-van de werve V., www.sha.maison

La méthode Feldenkrais, www.psychologies.com

Le Doze F., www.selftherapie.com

Meyer R., « Thérapies psychocorporelles, Quand le corps parle », *Inexploré* n° 19, juillet-août-septembre 2013.

Pascual S., www.ithaquecoaching.com

Rouiller H., https://www.nouvelobs.com

Schultz J. H., *Le training autogène, méthode de relaxation par auto-décontraction concentrative, Essai pratique et clinique*, Quadrige, PUF, 2013..

الموقع الإكتروني للكاتبة

Barthelemy-Clouwaert Diana, www.dianabarthelemy.com